拉鲁·次旺多吉传

巴桑罗布　拉琼　编著

中国藏学出版社

拉鲁·次旺多吉，是一位跨越两个世纪、经历两种社会制度的传奇式人物。次旺多吉早期曾忠实于旧的制度，晚年又服务于新生政权。拉鲁·次旺多吉生活在近现代西藏历史的重大转折关头。他所处的这一时期是西藏社会发生剧烈动荡、巨大变革和深刻变迁的历史时期。拉鲁·次旺多吉的经历从某种程度上正是这一历史巨变期的缩影，诸多历史事件和历史人物在他的漫长人生旅程之中出现、消逝。

拉鲁·次旺多吉出身于传统贵族世家，成长于旧西藏的豪门望族。他走过跌宕起伏的仕途，经历过坎坷多舛的人生。不管日来月往、天上地下，尧豁·拉鲁这一西藏历史上的世家望族终究因次旺多吉的谢世而寿终正寝。

目　录

引子

贵族　尧谿　拉鲁

为了便于叙述，现将旧西藏贵族包括“尧谿”作一简要介绍。与其他地方的贵族一样，西藏贵族也曾历经沧桑巨变。吐蕃（约公元 600—842 年）时代的显贵家族诸如达哲（stag sgra）、属卢（cog ro）、秦（mchims）氏等，都在政权分崩离析、佛法遍弘蕃地之后便

布达拉宫旧照

销声匿迹，而由一些新的显贵家族取而代之。

近代贵族中只有寥寥数家如拉甲日（lha rgya ri）、朵喀尔（mdo mkhar）和吞巴（thon pa）等，可将其祖先追溯到吐蕃时代。同样，萨迦时代的贵族大部分也被帕木竹巴时代的新贵族所取代。而甘丹颇章时期，特别是十三世达赖喇嘛时期西藏贵族的最高层，基本上产生于18世纪上半叶，是得到清朝中央政府支持的颇罗鼐统治的产物。甚至人们认为，近代西藏的高层贵族德本（sde dpon）基本上由颇罗鼐地方政府成员后裔所组成，这也是西藏贵族最后一次重大变化。也就是说，当时所建立的既得利益集团在达赖喇嘛和清朝中央政府治理下得到了巩固，并且在1951年传统西藏社会终止之前被固化。1950年时贵族的权力、财富与1751年七世达赖喇嘛开始当政时期相比并无多少差别，基本上处在18世纪中叶的状态。

这个模式与差不多同一时期欧洲政体中的类似模式——在其最后阶段的教皇国贵族——具有某种惊人的相似之处。在那里我们可以发现同样稳定的社会结构，贵族与僧侣之间的伙伴关系，以及整体上同样的停滞和缺乏真正的革新。至于贵族的经济和社会面貌，基本的事实是：贵族的权力依赖于他们的土地庄园和属民，因而也就依赖于农业。驯养家畜者和游牧民中没有任何贵族，尽管有些贵族家中除土地之外还拥有牧群。

以庄园为基础的西藏贵族家庭，也显示出某些与欧洲贵族家庭迥然不同的特性。这其中西藏地区的一妻多夫制恐怕不是最重要的因素，这主要是因为根据习俗，儿子的父亲总是主要丈夫或者第一丈夫。关系更为重大的是“玛巴”制度：“玛巴”入赘其妻子家族后，就享有该家族的名分（姓氏）。这不单单是在一个家族缺乏男性子嗣之时，保证该家族得以延续的一种手段。由玛巴承袭的家族系谱，与该家族繁衍不绝的男性子嗣并存不悖的现象并不鲜见。玛巴世系有时甚至使该家族的嫡系黯然失色而成为主干系统。西藏夏扎和阿沛家族可以视为典型的例子。这里我们要述及的主人公次旺多吉，却以极其独特的方式承袭尧谿·拉鲁祖业，并冠之以拉鲁·次旺多吉。但是无论如何，西藏贵族世家延续的基本因素似乎主要是土地庄园，而不是血统。在某种意义上，庄园财富起决定性作用。

在传统西藏，一个家族政治势力最明显的标志是其在噶厦中占有的席位。噶厦通常由显贵家族人员把持，特别在没有为僧侣保留席位的1804年到1878年间，这种现象更为突出。至于那些地处西藏东南和边远地区的一些领主如拉甲日、波窝噶朗德巴及德格杰布等势力，其影响力则仅局限于本地区而从来没有参与过西藏地方政府的管理。行政机关协调僧侣与贵族之间的关系，通常不允许平民担任中、高级官职。即便需要，那么必需的前提是将平民封为贵族，如擦绒·达桑占堆。除非因犯罪或者行为不轨而被没收财产以外，贵族的经济地位是牢固而有保障的。因此，贵族阶层并不受来自下层社会的明显影响。另一方面，僧侣和贵族之间官职的分配基本上是法定的或者约定俗成的，西藏政体的这两大组成部分之间，基本上不发生直接的冲突。诚然，我们在本传记中还是能够发现一些例外和复杂的情况。

西藏贵族一般可以分成三大类。第一类为尧豀，意为令尊庄园，实为达赖喇嘛父亲的产业，西藏地方共计6家尧豀；第二类为德本，为最高层贵族，共计四家；第三类为其余贵族，约200家，其中拥有土地的被称为“格尔巴”（sger pa）。西藏的世俗政治主要由第一类和第二类豪族掌控，第三类贵族多数从未在政治上或者政府中起过作用。1844至1959年在噶厦中占有席位的显贵家族，亦即那些经常在政治上、政府中发挥重要作用的家族只有14家。贵族之间所拥有的权力和财富等方面的差距大得令人瞠目结舌。有些大贵族的侍从（zhabs gras）的实际权力和财富甚至高过一般贵族。

6家尧豀分别为桑颇、拉鲁（两度尧豀）、宇妥、彭康、朗敦和达孜。分封达赖喇嘛父亲或者兄弟以高爵位和大庄园，始于七世达赖喇嘛格桑嘉措时期。西藏第一个尧豀·桑珠颇章原先位于山南桑日县城东北侧桑日宗山下，由七世达赖喇嘛的父亲索南达杰建造于1735年，迄今已有280多年的历史。在此之前，甘丹颇章为六世达赖喇嘛仓央嘉措分封过尧豀，但是没有继续经营下去。①

桑珠颇章是七世达赖喇嘛格桑嘉措的家族，简称桑颇。一至六世达赖喇嘛都没有家族庄园，桑珠颇章是西藏历史上第一家尧豀。

① 第六世达赖喇嘛仓央嘉措的父亲仁增·扎西丹增于藏历火牛年（1697）五月三十日在浪卡子逝世。仓央嘉措坐床之后，甘丹颇章把桑日宗封给仓央嘉措的母亲白卡尔·次旺拉姆，作为家族产业。但是不久次旺拉姆执意返回原籍，根据第司·桑杰嘉措的安排，在达旺附近白嘎尔地方建造“佛母宫”令其居住，至今仍可见。

其后除九世达赖喇嘛隆朵嘉措外，历世达赖喇嘛都有尧谿，只是八世和十二世达赖喇嘛的尧谿是合二为一的，即尧谿·拉鲁。

由于复杂的历史背景和政治原因，七世达赖喇嘛的尧谿最初建在了山南桑日地方，而不是在拉萨。大约在1788年以后，桑颇·扎西南杰任噶伦一职时，地方政府在拉萨为他安排了一处住宅。这个住宅原先由固始汗筹资建造，其后代包括拉藏汗都曾住在这里。拉藏汗被准噶尔人杀死以后，空废无主，后来作为往返于拉萨的满汉官员的驿站而被保存下来。桑颇噶伦入住该宅后，经过整修，其家族逐渐搬迁到拉萨，于是其住宅逐渐被称作桑珠颇章，即尧谿·桑颇。

第一章

拉鲁嘎彩与达赖喇嘛尧谿

拉鲁嘎彩

拉鲁嘎彩，即拉鲁林苑，位于拉萨市布达拉宫北侧约两公里处，是一片被现代人称之为“拉萨之肺”的湿地。拉鲁嘎彩一直是林木、花草和湖泽交相辉映的美丽地方，时常有野驴、野鹿等出没。在民间被赞美为“神子龙女的乐园”。有民谣云：

拉萨还是拉萨舒适，
拉鲁比拉萨还舒适；
拉萨与拉鲁之间那，
宫后的鲁康更舒适。

拉鲁嘎彩绿草如茵，湖光闪闪。这里林木苍翠，湖泊星罗棋布，风光秀丽宜人。在藏语里，“拉”为天神，“鲁”即龙之意，合在一起，便形成了这美妙的地名。拉鲁嘎彩，早在吐蕃赞普赤都松时期，便成为赞普王臣贵胄们休闲、娱乐的园林区。17 世纪末、18 世纪初，这里成为六世达赖喇嘛仓央嘉措休闲之地。仓央嘉措常常与随从到这里娱乐、休闲，还在最大的湖泽中心建造了一座三层的宫殿。拉藏汗杀害第司·桑杰嘉措后，便以“甄别”真假达赖喇嘛的名义，把矛头指向坐床已经 8 年之久的仓央嘉措。仓央嘉措被废黜后，就被拉藏汗安置在这里。当看到拜谒仓央嘉措的僧俗民众络绎不绝，人潮涌动，仓央嘉措的威望达到前所未有的高度时，拉藏汗深感不安，进一步产生了驱逐、加害仓央嘉措之心，于是假借清朝皇帝旨意押解仓央嘉措北上。本传记主人公拉鲁·次旺多吉的回忆录中说：“仓央嘉措居于拉鲁嘎彩宫殿时，前往叩拜他的人络绎不绝，拉藏汗对此深感不快，便打算通过北路将仓央嘉措送往中原。但是，上路以后，皇帝下旨，严令不得将仓央嘉措押解过来。接到圣旨，拉藏汗进退两难，便企图暗害仓央嘉措。当仓央嘉措被押解至青海的贡嘎诺尔（青海湖边）地方时，押解者中崇信仓央嘉措的人便将拉藏汗的密谋透露给他，使他得以悄然远遁（其实就此圆寂）。”当时仓央嘉措的一对达玛鼓（西藏的一种打击乐器），作为珍贵遗物，直到 1959 年以前一直悬挂在拉鲁嘎彩宫的怙主殿堂里，供后世膜拜。

前尧谿·拉鲁

拉鲁嘎彩成为尧谿，八世达赖喇嘛就有了家族产业，史称前尧谿·拉鲁。七世达赖喇嘛格桑嘉措于藏历火牛年（1757）二月三日圆寂后，西藏地方政府便依例开展转世灵童寻访活动。藏历六月二十五日（1758），在南木林托布杰拉日岗地方出生了一个男童，父名索南达杰，母名平措旺姆。西藏摄政第穆活佛、三大寺代表和第六世班禅贝丹益西，根据有关高僧大德的授记及拉木护法的神谕，认定这个男童为七世达赖喇嘛的转世灵童，并取法名为洛桑丹贝旺久降白嘉措贝桑布。5岁时经乾隆皇帝批准，于藏历第十三绕迥水马年（1762）在布达拉宫举行了坐床大典，成为第八世达赖喇嘛。依照惯例，甘丹颇章（即西藏地方政府）应当选择吉祥之地，为达赖喇嘛家族分封祖业，安排一个与桑珠颇章相似的尧谿，于是拉鲁嘎彩便成为首选。六世达赖喇嘛仓央嘉措在该地所建宫殿以东有一座当地领主的小宅，名叫“谿康”（意为庄园宅）。噶厦随即将该宅拆平，新建楼宇，并以地名作为家族名，叫作“令尊庄园拉鲁嘎彩”（尧谿拉鲁林苑）。同时，将这一大片地方以及其他许多庄园都分封给尧谿·拉鲁家族。

依照惯例，甘丹颇章把尼木亚德康萨林卡（今仁布县境内）全部划拨给八世达赖喇嘛家族。该谿卡在拨归拉鲁家族（作为额设谿卡）之前，由地方政府（以往多称公家，绝少用政府一词）委派一僧一俗“谿堆”（庄园负责人）管理谿卡；拨归拉鲁家族之后，由拉鲁府委派两个司库担任谿堆，对他们也沿用旧称“僧俗司库”。该谿卡属下原有切瓦、羊仲、柏龙三家地方政府的公职贵族，随着谿卡被拨归拉鲁府，这三家贵族随即也辞去了公职，留在尧谿当差。这种贵族被称为“谿孝巴”（庄园公务员），他们的后代到其他家庭入赘时，可持拉鲁府发给的券契，向政府申请官职，如庞措家族便是出自帕塘地方的切瓦家族。

亚德康萨谿卡是尧谿拉鲁府最大的谿卡。在拉萨的拉鲁府邸日常所需用品均来自该谿卡，管家、司库等侍从，也大多从该谿卡选调。该谿卡之下还有一些小型下属谿卡，例如麦措谿卡、萨噶尔谿卡、帕塘孔木谿卡和普松谿卡等。从这一谿卡系统每年可以收取青稞一万多藏克（每藏克约 28 斤），扣除发给谿卡清洁员、房产管护员、囊森、谿堆及其佣人的薪资，僧人的布施，向亚德康萨谿卡境内各寺院固定发放的僧饷、供品用物等项外，还可实得青稞 5000 多藏克。此外，还可收取用作门窗垂帷的次等条纹氆氇 500 庹，菜籽油 20 铜斗（容积与粮克相等），纸张 3 驮等。作为增额谿卡划给拉鲁家族的伍佑地方的奴玛谿卡面积也很大，有 3 个“根保”（相当于保长，俗称差头）管辖的范围（约占现今伍佑地区的三分之一）那么大。每年从该谿卡收得青稞 4000—5000 藏克，还可以从该地区的铁匠处收取手工业税——马头形铁钉 1000 枚、铁制油灯 3 盏。该谿卡还要向居住在拉萨的拉鲁府主仆供应糌粑。而亚德康萨谿卡则于每年春、冬两季向拉萨的拉鲁府供应日常所需的中等糌粑。除上述的额设、增额两种谿卡外，拉鲁府还逐步得到了仁布地区的果热谿卡和根宗谿卡，并把八世达赖喇嘛诞生地托布加拉日岗改为谿卡，重建了八世达赖喇嘛降白嘉措诞生的房屋。另外，拉鲁府还陆续取得了其他一些谿卡以及拉鲁嘎彩周围的百姓、林地及拉鲁嘎彩北面芦苇塘南面的土地。

八世达赖喇嘛之父索南达杰去世早，大约于 1758 年降白嘉措出生那年就去世了。1781 年，索南达杰长子索南扎西从乾隆皇帝那儿获得辅国公的头衔，1782 年 4 月 9 日在蒙古库伦地方逝世。其长子洛桑土登旺久（1775—1813）成为第四世哲布尊丹巴，次子绕丹南杰于 1782 年袭位辅国公。他从喀尔喀返回西藏后，1784 年被赐予孔雀花翎（领有公爵的头衔及皇帝敕封），卒于 1803 年，身后无嗣。辅国公与噶伦地位相同，但是座位排列于众噶伦之首，享有很高声誉。从那时起，（达赖喇嘛的祖业拉鲁嘎彩）尧谿·拉鲁就跻身于大家族的行列。按照惯例，当达赖喇嘛在世之时，其父亲与弟兄不得担任公职，只留辫子，不梳发髻。达赖喇嘛父兄只参加地方政府举行的各项仪式，并不承担专门职责。但是，藏历第十三绕迥铁猪年（1791）发生廓尔喀之役时，清政府派遣福康安率领清军进藏反击廓尔喀人（尼泊尔的一个部落）入侵，达赖喇嘛便特别委派其具有公爵头衔的同母异父兄弟（又是堂哥）洛桑根顿扎巴担任迎送福康安的总管，前往康区迎接，并负责返回时的送行事宜。八世达赖喇嘛叔父洛桑平措的侄儿班丹顿珠于 1787 年获得辅国公头衔，并得赏赐珊瑚顶戴和孔雀花翎。班丹顿珠卒于 1789 年，而他的儿子成为七世班禅洛桑丹贝尼玛（1782—1853）。当时令人瞩目的是，达赖喇嘛、班禅额尔德尼和哲布尊丹巴这三大活佛都出自一家豪门望族。

八世达赖喇嘛的父兄去世后，其一个十多岁的堂侄承袭了公爵的封号，但不久后病故。从此，八世达赖喇嘛的父系后嗣断绝。当时，达赖喇嘛的母亲平措旺姆请求准予其领有拉鲁家族产业。于是，达赖喇嘛便赏给她一道黄缎子文书（诏书）：“拉鲁家族产业可由公爵夫人掌管。”颁赐达赖喇嘛钤印封文。公爵遗孀在“掌管”尧谿·拉鲁期间，有多人设法争得尧谿·拉鲁的产业和权利。

此后，达赖喇嘛母亲即公爵遗孀平措旺姆与孜本（审计长）索朗扎西成婚，生有若干儿女。但是，依照定制，非达赖喇嘛父系的嫡系子嗣不得封公爵，故其长子索朗多吉（亦非平措旺姆所生）仅按一般官员申请公职，取得贵族子弟“色南巴”的地位，成为地方政府官员。八世达赖喇嘛降白嘉措于1804年圆寂，尧谿·拉鲁已无子嗣。至此可称为前尧谿·拉鲁。

后尧谿·拉鲁

十二世达赖喇嘛的祖业并入八世达赖喇嘛尧谿·拉鲁之后便可称后尧谿·拉鲁。光阴倏忽，在不到一个世纪的时间，藏族地区竟出现了5位达赖喇嘛，难怪噶厦安排尧谿（祖业）显得捉襟见肘。才安排好十世、十一世达赖喇嘛的祖业，现在又得安排十二世尧谿，实在有些筹措无力。

十二世达赖喇嘛赤列嘉措于藏历第十四绕迥火龙年（1856）诞生在桑日沃卡地方叫作巴卓娘仓巴（vbag vbrog nyang tshang pa）的家庭，父名平措才旺，母名次仁玉珍。他出生后取名为洛桑丹增久美。十一世达赖喇嘛克珠嘉措于藏历第十四绕迥木兔年（1856）十二月十五日圆寂后，按照惯例由摄政热振·阿旺益西崔成向“卫、藏、塔布、贡布、阿里三围、那曲四部、康区各宗谿等各个地方”

先后发出通知，要求各地把近来出生的具有灵异特征的儿童情况，毫无隐瞒和差错地立即报来。根据通知，桑日、沃卡、曲科杰、塔布拉索、琼布政扎、拉萨等处都呈报了特异灵童出生情况。经过极其复杂的识别程序，于藏历第十四绕迥土马年（1858）一月十三日，将桑日、沃卡和塔布拉索的三个儿童名字，当着驻藏大臣、摄政热振·阿旺益西崔成、甘丹寺卸任赤巴（法台）、诸噶伦、近侍基巧堪布等人的面，在拉萨大昭寺释迦牟尼佛像前经过金瓶掣签，正式确认、宣布沃卡灵童洛桑丹增久美为十一世达赖喇嘛克珠嘉措的转世灵童。当月的十五日，由摄政热振活佛为灵童剃发，起法名为阿旺洛桑丹白坚赞赤列嘉措。

藏历第十四绕迥土猴年（1860）七月三日，沃卡灵童在布达拉宫登上达赖喇嘛宝座，举行隆重典礼。藏历第十四绕迥水鸡年（1873）二月十二日十二世达赖喇嘛开始亲政，接管西藏地方政教大权。藏历木猪年（1875）三月二十日在布达拉宫日光寝殿圆寂。按藏历算法，赤列嘉措圆寂时年方 20 岁，亲政仅两年。当时摄政热振与噶伦夏扎·旺秋杰布之间的斗争，波及十二世达赖喇嘛，他的圆寂并不正常。

19 世纪中下叶，西藏正处多事之秋。在复杂的历史背景下，出现了一个特别的尧谿大家族——后尧谿·拉鲁家族。沃卡灵童被确认为十二世达赖喇嘛后，按照惯例其家族应当获得庄园，并称为尧谿。为了避免使政府庄园再次分配给新的达赖喇嘛家族，噶厦于 1858 年决定将十二世达赖喇嘛的家族并入尧谿·拉鲁，与八世达赖喇嘛的家族共居。据十二世达赖喇嘛传记记载："圣八世尧谿·拉鲁嘎彩与圣主父母及近亲们，一致愿合为一家。（地方）政府原已有赐予之双方尧谿主人亲往叩拜谢恩！"[①] 这样便出现了后尧谿·拉鲁家族。

十二世达赖喇嘛家族并入拉鲁家族后，除原有额设谿卡及增额谿卡之外，再给他们划拨了沃卡增期寺下方的冲康（诞生之家）谿卡及其周围的土地、房屋、百姓及工布地区的嘎恰谿卡。嘎恰谿卡下辖帕征、森多、恰尔、庞廓、庞定、白恰西绕等多个小谿卡。嘎恰谿卡土地面积大，计有农田一百顿（每"顿"合 50 藏克，约 50 亩）。嘎恰谿卡每年收入的粮食、现金都折换成酥油，每年由谿堆向噶厦的粮库及拉鲁府各缴纳 1000 藏克。[②] 这种差税性质的酥油被称为"外千内千"。此外，每年还可从嘎恰谿卡收取熊皮 3 张、黄羊皮 2 至 3 张、茜草制成的染料一垛、帐篷绳索 10 根、猪肉两腔、核桃及桃干 2 至 3 藏克、纸张及大米若干等。但是 1951 年 10 月嘎恰谿卡及白恰西绕谿卡等被印军侵占。拉鲁·次旺多吉先生生前曾撰文说："我要求印度政府无条件地交还强行霸占的我国领土，我本人亦保留向印度政府提出赔偿若干年来庄园损失的权利。"[③]

当初沃卡地方的巴卓娘仓巴·平措才旺和次仁玉珍生有 3 个儿

---

① 见《十二世达赖喇嘛传》（藏文）第 446 页。

② 即向政府和拉鲁府缴纳数量相等的实物。旧西藏有外差和内差之说，向政府或公共支差称外差，向直属领主支差称内差。

③ 西藏自治区政协文史资料编辑部编：《西藏文史资料选辑》（合订本 2），北京：民族出版社，2007 年，第 76 页。

子，长子益西罗布旺久，次子钦绕洛追晋美，幼子洛桑丹增久美。当幼子成为十二世达赖喇嘛以后，他们一家的命运发生了根本性改变。沃卡增期的平措才旺作为后拉鲁嘎彩家族的奠基人，被冠之为尧谿拉鲁·平措才旺。1858年他还获得了辅国公头衔。在西藏政坛上一度非常活跃的尧谿拉鲁·平措才旺于1865年3月逝世。

长子益西罗布旺久继承父亲辅国公头衔，1868年他被赐予三品官位和孔雀花翎。1880年他被任命为噶伦，参与当时西藏许多重大事件的处理，如对娘绒（瞻对）动乱、日喀则暴民的处理，建造达赖喇嘛灵塔，对因尼泊尔商人被抢而引发的骚乱、西藏地方与尼泊尔的边境危机等非常棘手问题的处理。在英国对锡金（今属印度，清时称为“哲孟雄”）进行渗透，随之在边境上发生摩擦，甚至于1888年3月21日西藏地方军队被逐出隆吐山口时，益西罗布旺久又被任命为锡金边境藏军总司令。由于他的功绩、威望和人际关系，在19世纪70年代后期和80年代成为西藏最杰出的人物之一。他于1891年12月6日逝世。十二世达赖喇嘛的二哥钦绕洛追晋美也获得了公爵、噶伦等头衔，并在西藏地方政治舞台上发挥过重要作用（一说只是个“孝布萨”，即新公职人员）。益西罗布旺久去世时，年仅40多岁。当时，噶厦有4名噶伦，其中最年长的是宇妥，他年纪老迈，身体欠佳，行动困难，而年纪最小且在西藏地方政治舞台上发挥过重大作用的“噶公”（即噶伦和公爵的简称）益西罗布旺久却最先逝世，故人们编了一首民谣：

噶公罗布旺久，

如同彩虹隐退。

宇妥年迈老人，

请你抬抬右胯。

这表明那时人们对于年轻有为的益西罗布旺久去世的惋惜之情。“噶公”益西罗布旺久逝世以后，十三世达赖喇嘛土登嘉措立即将“公爵”的封号转赏于“噶公”公子——年仅 11 岁的晋美朗杰。晋美朗杰曾经在驻藏帮办大臣张荫棠增设的财政局工作过。那时，夏扎·班觉多吉有两位千金。民间曾有诗云：

夏扎府如龙王殿，

一对千金妍如花，

倘若不严加看守，

难保不飞拉鲁宫。

果不其然，后来尧豀·拉鲁晋美朗杰公爵将两姊妹均纳为夫人。但是，不久姐姐索南边宗虽然得一子，却因罹患天花母子均去世，而妹妹朗杰旺姆数年未能生育。于是，尧豀·拉鲁家族的管理人员们商议认为，拉鲁家族又面临达赖喇嘛父系后裔绝嗣之虞，晋美朗杰公爵除了再娶妻，实在没有别的办法。这种事，晋美朗杰本人不好张口，这时的尧豀·拉鲁又没有其他长辈可以出面打理，只好由拉鲁府执事总管即大管家出面，将此事相商于当时的首席噶伦夏扎·班觉多吉。然而夏扎却为自己女儿的利益考虑，一口拒绝，称此事没得商量。其理由是：“我女儿年纪还轻，谁能断定以后她不会生育？”

旧西藏贵族，结婚之前要由男女双方家庭各派代表详细议定婚约，白纸黑字，一条一条作出规定，切实保证男女双方的利益。所以这种事只能商量着办。于是拉鲁公爵再娶的事只能拖下去。

夏扎最小的妹妹名叫央宗次仁，她本来是尼姑，后来还俗，与其母亲一起居住在朗敦公爵府邸东面的夏扎林卡别墅里。邻里之间一来二往央宗次仁便成为尧谿朗敦·顿珠多吉公爵（十三世达赖喇嘛的大哥）的外室。央宗次仁身材窈窕，面容姣好，聪慧练达。朗敦公爵经常前往她的住处，对她的喜爱超过了正夫人，有心把她扶为正室。人们普遍认为，如若朗敦公爵正房夫人不能生育男孩，央宗次仁则很有可能被扶正。然而，老天爷有时爱拿人的命运开玩笑：公爵夫人和央宗次仁在同一年里都怀了身孕，因而将央宗次仁“扶正”之梦便成为泡影！当时，适值藏历木龙年（1904）英国入侵西藏，十三世达赖喇嘛被迫避难于中原及蒙古地区，尧谿朗敦公爵作为随行侍从跟随达赖喇嘛，不幸在途中逝世（一说随后去库伦途中病故）。这样，央宗次仁便失去了她所深爱的心上人，也失去了强有力的保护人。但是峰回路转，这时噶伦夏扎已经有了一个绝妙的主意，他一改原先口吻，对前来再度央告的拉鲁府大总管说：“吾等两府乃亲戚，当然得为彼此之当下及未来利益考虑。至于汝等所

尧豁·拉鲁府

言为晋美朗杰公爵再娶之事，从子嗣计，亦不失为一法。然则，娶何人呢？吾意还是以娶央宗次仁为宜。因为她系公爵原配夫人的亲戚，嫁过去定能和睦相处。即使她婚后不能再生儿子，但因她原先所生之子乃达赖喇嘛（现世）堂侄，该子承袭公爵封号自然顺理成章，能获得达赖喇嘛的恩宠亦势所必然。”夏扎此计妙就妙在既能为达赖喇嘛的大嫂亦即夏扎自己小妹正名，又为尧豁·拉鲁续香火，还有望得到达赖喇嘛的首肯和抬爱。噶伦夏扎这一计，一石三鸟，真可谓妙哉！善哉！拉鲁家族的大管家甚是赞同，遂即将此方案禀告晋美朗杰公爵，公爵也表示同意。于是，央宗次仁便被迎娶为拉鲁·晋美朗杰公爵的二夫人。婚礼办得着实风光隆重。夏扎府陪送央宗次仁一尊赤金佛像及十分优厚的嫁妆。夏扎又有一艳丽夺目的花蝶飞到拉鲁府。

央宗次仁聪慧过人，为人慷慨，交际甚广，在众多贵族夫人中宛如群星间的明月，鹤立鸡群。她携子嫁到拉鲁府后，很快就独揽拉鲁府家政大权，竟连十二世达赖喇嘛亲侄、已故拉鲁公爵之母以及公爵原配夫人朗杰旺姆等都被排挤得无权过问拉鲁府家政。

后来两位夫人亦皆未生育，原配夫人、夏扎家小姐朗杰旺姆便分离出去，拉鲁·晋美朗杰公爵分给她一些财物，并将彭波地区的波热谿卡划归于她，作为她的食邑。但是她无力经营庄园，仍由拉鲁府代为管理，每年给她交付 200 藏克青稞和一些柴火等。后来朗杰旺姆与桑耶寺护法（四品僧官）结婚，但数年后因感情不和，便出家为尼。

晋美朗杰公爵与央宗次仁婚后，幸福地度过了他们一生中最和谐美满的 4 年，但仍未得子。晋美朗杰公爵于藏历土马年（1918），因罹患胃疾而逝，是年 37 岁。从此，十二世达赖喇嘛成列嘉措父系后裔的拉鲁家族遂告绝嗣。

十三世达赖喇嘛非常重视拉鲁世家，曾下令对拉鲁宫进行过一次大规模修缮，并亲自对修缮工程予以指导。他的亲侄儿曾成为拉鲁辅国公，他先后多次莅临拉鲁嘎彩视察、游玩，有时还下榻于拉鲁宫。

变异中的尧谿·拉鲁

拉鲁家族成员及管理人员等共同上书十三世达赖喇嘛，详细禀呈原委："晋美朗杰公爵不幸猝逝，第十二世达赖喇嘛父系后裔已绝。然央宗次仁所生之子平措绕杰乃（第十三世）达赖喇嘛兄长朗敦公爵顿珠多吉之子，实为达赖喇嘛堂侄，故敬请给平措绕杰以封赏。"十三世达赖喇嘛看过上书后，即命人将平措绕杰传唤至面前亲自观察。

当时，平措绕杰已是个 15 岁的少年（其实只有 14 周岁）。他见到达赖喇嘛时，反应跟别的初次拜见达赖喇嘛的孩子完全不一样，居然一点儿也不紧张、不害怕，也不拘谨。达赖喇嘛问什么，他就答什么，回答声音脆亮，用词准确明快，举止大方得体。达赖喇嘛上下端详着这个灵秀异常的孩子，似乎回想起因劳累不幸病逝在青海湖边的长兄，想起兄弟俩当年艰难相随、生离死别的情景……

达赖喇嘛破例叫孩子上前，握着孩子的手，亲手拿水果等食物给孩子吃，并对他关怀备至，颇有亲子之情。达赖喇嘛欣然同意尧豀·拉鲁府的请求，于 1919 年初赏赐平措绕杰公爵头衔。在出席赛马节及噶厦举行的其他典礼或仪式上，平措绕杰总是与同父异母兄弟朗敦·贡嘎旺久公爵相邻而坐。拉鲁·平措绕杰公爵富有才学，天资聪颖，十三世达赖喇嘛格外器重他。但是不幸，1920 年他因病医治无效而离世，年仅 17 虚岁。这样，拉鲁家族中的两位公爵接连去世，家族柱梁尽折，使得央宗次仁及家族管理人员等遭到最沉重的打击，他们悲痛欲绝、茫然失措，日夜忧心忡忡，央宗次仁身心几乎崩溃。后来央宗次仁只得在他人抚慰下，先替两位公爵广做追荐法事，举行《菩提道次第论》讲经法会。还特别出资打造了一顶

尧豀·拉鲁公爵夫人央宗次仁

金质玉佛冠，镶上各种珍珠宝石，特意敬请十三世达赖喇嘛亲手戴到了大昭寺释迦牟尼佛像的头上。

至此，尧豀·拉鲁已无父系后裔。这时贵族绒·彭强则向噶厦提出诉讼，竟称绒·彭强家族乃八世达赖喇嘛之后裔，要求入住尧豀·拉鲁府。经噶厦调查发现，绒·彭强只是八世达赖喇嘛的母系后裔，而绝非父系后裔，无法入住尧豀·拉鲁府。

两年多以后，尧豀·拉鲁府的管家、司库等人再次商议为央宗次仁招婿，为尧豀·拉鲁续香火。那时，贵族然巴家族中有长幼两位公子，大公子官居台吉（蒙古语“王子”之意），二公子平措杰

拉鲁府管家等仆人们

布系雪涅[1]兄弟两人共娶一妻。拉鲁家族与然巴家族议定，由然巴家族的二公子入赘拉鲁家族。入赘后，拉鲁家族上书噶厦，说明尧豁·拉鲁系达赖喇嘛世家，乃豪门望族，敬请格外关照，为平措杰布赐封扎萨克衔。[2]这一请求很快得到了批准。十三世达赖喇嘛亲自

① 雪涅为雪列空的管事，即布达拉宫下面的普通司法治安机关官员，雪涅有三名僧俗官员，为五品。

② 扎萨克为蒙古语“执政官”之意，是清代封赐蒙古、藏族官员的一种职位，低于公爵，而高于台吉，为正三品。

圈定，然巴·平措杰布退出原来的婚姻，以“玛巴”的身份入赘尧豁·拉鲁，成为央宗次仁的丈夫和尧豁·拉鲁继承人。

但是，平措杰布与央宗次仁的婚姻并不美满。两人谈不上相互倾慕，而且平措杰布是个固执的情种，置达赖喇嘛亲自圈定的婚姻不顾，竟然同然巴家原夫人藕断丝连，超出央宗次仁能够容忍的底线，两人的矛盾越来越深，最后不得不诉诸法律。噶厦司法机构下达的判决书对双方进行了严厉的斥责，批准双方离婚，革去了平措杰布入赘拉鲁家族而被封赏的扎萨克职衔，委任他为昌都总管公署颇本（负责后勤的四品官）。不久他就客死在昌都颇本任上。

钦定尧豁·拉鲁幼主

经过这次变故，央宗次仁深感世事艰难，更令人心寒的是当时还盛传她是克死夫君的“丧门星”。于是，她便直接上书达赖喇嘛（拉鲁家族每遇大事，均直接禀报达赖喇嘛）禀称，如今拉鲁家族中达赖喇嘛的父系后嗣已绝，故敬请将尧豁·拉鲁改为寺庙，或者奉献给十三世达赖喇嘛。达赖喇嘛不赞成把尧豁·拉鲁改为寺庙，他批示说：“拉鲁乃布达拉宫背后一景，尤为两世达赖喇嘛之祖业，其家无人在政府中为官做事，甚是不当。”于是，拉鲁家族的管理人员再次商议，物色一名能够掌管拉鲁家业之人。他们提出数名贵族子弟的名单，呈请达赖喇嘛审定。但是，达赖喇嘛并未选中名单中的任何人，而是批示“次旺多吉为好”。

于是，12 岁的龙夏家族公子次旺多吉被选为尧豁·拉鲁大家族

龙夏·多吉次杰、夫人丹增卓嘎和儿子次旺多吉（从左至右）

的继承人。因为次旺多吉并非达赖喇嘛嫡亲，故而不能授予辅国公爵位，一般也不能再冠之以尧豁这一庄严而专用的字眼，而只能称拉鲁嘎彩瓦或拉鲁·次旺多吉。不过，要照例承担尧豁家族应尽的所有义务，如传召大法会、十五元宵会供等节假日的例行差役，以及各庄园的各种赋税等都要照旧承担或者缴纳。

第二章

童年　仕途

次旺多吉的本家龙夏

拉鲁·次旺多吉原本出身于贵族龙夏家族，是龙夏·多吉次杰的次子。这一家族是古代“祖孙三索”（即索钦·释迦炯奈、索琼·西绕扎巴、濯浦巴·释迦僧格）中的索琼·西绕扎巴的后裔。索琼·西绕扎巴别称德协甲邬巴（即善逝美髯公之意）。他生于藏历木虎年即1014年，圆寂于1074年，是11世纪著名的宁玛派密宗大师。17世纪著名的宁玛派密宗大师索钦·确英让卓为五世达赖喇嘛的密宗上师。①龙夏家有一处地方名叫“东方”，该地原是索琼·西绕扎巴的故居，现在仍然叫作“索龙”。在西藏谢通门达那地方有龙夏家族的一座豁卡，那里有一处祭祀天神的坛城，被称为“索普”。由此可见，龙夏家族先民是信奉密宗的。后来，索琼·西

① 修建布达拉宫宫殿图纸得到一致同意后，藏历木鸡年（1645）三月二十八日，五世达赖喇嘛、第司索朗却培和固始汗等亲临现场，索钦·确英让卓亲手用面粉划线。从甘丹寺迎请宗喀巴法螺、尊者阿底峡法螺和萨迦法螺，同时向四方吹奏。

绕扎巴的后代便相继成为政府公职人员。龙夏家族原先是个小贵族，在历史上只当过普通官吏，官场上没有出现过有名望的大人物。而龙夏·多吉次杰则是整个家族有史以来的俗家大名人。多吉次杰诞生于藏历第十五绕迥铁蛇年（1881），其父名为伦珠多吉，母名德庆白姆，生有一男四女。多吉次杰 20 多岁与当地贵族赖贵巴之女成婚，生有子恰巴如索·旺钦玉拉和女卓玛普白玛。多吉次杰来到拉萨考官，求得孜本职位，十年孜本生涯，他的政绩与才学令人刮目相看。原配夫人有一次在回原籍龙夏庄园收租时病故，3 年后多吉次杰与丹增卓嘎（龙夏的第二任妻子，出身小户，小龙夏约 10 岁）成婚，生有五男一女。

藏历水鼠年（1912），发生驱逐清军事件之后，十三世达赖喇

1913 年，龙夏·多吉次杰及其所带领的赴英国留学贵族子弟。龙夏·多吉次杰（中），强俄巴·仁增多吉、门仲·钦绕贡桑、吉普·旺堆罗布、郭卡瓦·索南贡布。

嘛从印度返回拉萨。历经两次无奈避难引发他深刻反思，切身感到西藏封闭，不同外界交往的弊端，要使西藏得到发展，必须首先向外国人学习，大力培养人才。认识到学习外语的重要性后，决定派出公职人员子弟到英国拉格比学校学习。于是藏历水牛年（1913），先选派门仲·钦绕贡桑、强俄巴·仁增多吉、吉普·旺堆罗布、郭卡瓦·索南贡布等4名贵族子弟到英国学习。他们是首批留学外国的藏族学员，开了西藏近现代去国外留学的先河。[①] 当时，噶厦把龙夏·多吉次杰从孜巴职位提升为孜本（四品官），即从审计员提升为审计长，让他代表西藏地方当局，率领、陪送以上留学人员。龙夏聪明过人，办事练达，在英国接触、体验诸多先进事物，返藏后孜本兼管新垦荒地征税机关，即包细列空，其后短暂担任军事部门首脑等职。达赖喇嘛对他的宠信，深受他人嫉妒。达赖喇嘛圆寂后，他发起了政治改良运动，但最终未能成功。

如前所述，龙夏家族在历史上从未出现过四品大员，所以当时为准备四品官服着实大伤了一番脑筋。这时十三世达赖喇嘛决意改良西藏地方制度，让龙夏·多吉次杰名为出去陪送留学生，实则

① 学成返藏后，门仲·钦饶贡桑学习勘察矿产，曾探查出温、塔波和藏北等地蕴藏的不同矿种。但是因为一些人的阻挠，未能开采。他曾担任达赖喇嘛的英语翻译，后来任拉萨警察长官、雪涅等职务。郭卡瓦·索南贡布学习军事，第一次世界大战时，他到过德国，后被安置在达赖喇嘛的警卫部队，不久去世。强俄巴·仁增多吉（即仁岗巴）学习电业，他在拉萨创建水电站，供城区和罗布林卡坚色宫等处用电。电力给扎细电机厂制造枪支、铸造银币、印刷钞票带来极大方便。因此他不仅担任拉涅（即大昭寺总管），还额外被授以四品官衔，也是达赖喇嘛重要的译员，后曾在西藏地方的外事部门工作过。吉普·旺堆罗布学习测量和电报收发，他曾建设拉萨邮路电报机构，曾任拉萨米本，领四品衔。

考察欧洲各国。因此，龙夏·多吉次杰才得以前往英国伦敦，成为到伦敦的第一位有官职的西藏人。抵达伦敦后，龙夏·多吉次杰先把那些学生送到英格兰一所综合专科学校，开始学习各自专业：门仲·钦绕贡桑学习矿物勘探；强俄巴·仁增多吉学习电机；吉普·旺堆罗布学习报务和地形测绘；郭卡瓦·索南贡布在另一所学校学习军事。然后龙夏夫妻俩都抓紧突击学习英语。当他们学会一般用语后，便先后到法国、德国、意大利等国，考察那里的国家体制、社会制度等。后来拉鲁·次旺多吉说："这是我父亲当时的工作重点。"

英国政府专门指派古德先生作为联络官负责与龙夏·多吉次杰的联系，派林丹（有说是藏族）先生当翻译。他们在伦敦盛情款待龙夏夫妇，安排他们入住十分豪华的酒店。然而，龙夏思索着：我们住的倒是很舒适，可西藏地方政府财力那么拮据，账单超过我们的支付能力就难办了。于是，他便趁散步的机会，在附近找到了一家小旅馆。龙夏夫妇商定搬到那里去住。一天，他们正在收拾行装时，联络官古德先生和翻译林丹先生突然到来，便问："您这是干什么？"龙夏讲完原委，古德先生便坚持说不必搬了，不但你们夫妇两个的房租由英国政府支付，而且学生们的费用，英国政府也会考虑。这样，龙夏夫妇在那家酒店一直住了一年多。

当时，龙夏夫人丹增卓嘎已经怀有身孕几个月。在此之前，她从来没有出过远门，这次远在欧洲怀孕，很担心生下一个黄头发、蓝眼珠的孩子，便坚决要回西藏生育。尽管龙夏一再解释种族、血缘与生育地域之间没有关系，但是丹增卓嘎无论如何执意要返回西藏。于是龙夏·多吉次杰只好向十三世达赖喇嘛提出返藏请求。经达赖喇嘛批准，他们随即动身返回。那时，正值第一次世界大战，德国兵拦截龙夏夫妇所坐的客轮，进行检查。看到德国兵上船检查，男旅客们都到下舱躲藏起来，妇女们都走出来到上层甲板，大声呼喊："我们是旅客！"当时龙夏夫人丹增卓嘎也跟着其他旅客喊叫。许多天以后，那条船驶抵印度。

龙夏从资本主义国家的生产过程、经济状况和社会制度中，感受到西藏地方社会制度的落后，民生凋敝，如不进行社会变革，将继续停滞不前，无法摆脱贫穷落后的状态。从此他萌发了社会改良主义思想。龙夏返回西藏深受达赖喇嘛器重。当时西藏地方政府正在扩充军队，为满足军需，噶厦决定成立包细列空（审计、税收机关），达赖喇嘛直接任命堪仲洛桑丹穷和龙夏·多吉次杰为包细列空负责人。包细列空核产定税的对象和范围是：全西藏各贵族世家、历代达赖喇嘛尧谿、政府官员和寺庙以不合法方式取得的土地；任命噶伦、代本职务时特意多余封赐的庄园；虽然占有庄园，但是尚未在政府中担任职务的贵族。实施这一办法，一般大的贵族所应多缴纳的粮食达四五千藏克，较小的贵族也不少于数百藏克。到十三世达赖喇嘛晚年时，征收的税赋粮装满了地方政府所有仓库，公共财政状况有了极大的改善。

同时，由于实施这一措施，整肃了大量不法行为，有效遏制了普通属民大批破产和流离失所情况的发生，龙夏博得了达赖喇嘛的更加信任与器重。达赖喇嘛亲手赏赐给龙夏一尊饰有纯金冠顶的大慈大悲观音像，并亲自为龙夏祈祷“世世代代得到观音菩萨的保佑”。从此龙夏青云直上、飞黄腾达，在担任孜本和包细列空负责人的同时，又被特别任命为藏军总司令顾问（实际掌管军队），还常常为达赖喇嘛草拟、整理重要文件，参与达赖喇嘛的相关重大决策。

改名前的童年生活

次旺多吉出生于印度大吉岭，在龙夏家中生活到 12 岁。龙夏夫妇抵达印度后，原本打算立刻启程返藏，但是，次旺多吉却在大吉岭降生了。那是藏历第十五绕迥木虎年（1914）十月十五日晚上，在月亮刚升起之际，次旺多吉便出生了。当时希望其将来出家而取名叫阿旺洛桑，后来随着培养目标的改变而改名为久美次旺多吉。丹增卓嘎认为，孩子生在大吉岭太好了，因为大吉岭从前就是西藏的地方。但是，孩子在大吉岭还没有满月，父母便把他带回西藏。由于次旺多吉是在拉萨长大的，所以平时他总是说自己出生于拉萨。

回到拉萨两年后，次旺多吉曾患麻疹，因病情较为严重，脸上一直留有那次患麻疹的痕迹。次旺多吉 6 岁那年，丹增卓嘎便带着他和弟弟乌金多吉、强秋多吉一起到谢通门达那地方的龙夏豁卡住了一年，而龙夏·多吉次杰则在拉萨忙他的公务。

那时，次旺多吉的外祖母虽然年事已高，但仍然白天黑夜戴着当地妇女们戴的那种“巴郭”头饰，从来不肯摘掉。人们劝她晚上睡觉时摘下来，可她以为摘掉巴郭，就会消减子孙的福气。这位老太太性情温和，笃信佛法。她外出时从不骑马，人们请她骑马，她总是说："人骑马，那牲口多可怜啊！"有一次出门，半路上遇到一条小河，她便脱下鞋子蹚水过河。河里的冰渣子把她的腿划伤了，她还是拒绝骑马。每逢丹增卓嘎打孩子时，老人家总是劝解说："那样打孩子会把他们打坏的。不听话，用指甲掐掐就行了。"由于她老人家的劝导，丹增卓嘎打孩子的次数渐渐减少了。次旺多吉比弟弟乌金多吉听话，也很少和别人家的孩子打架，所以外祖母格外喜欢他，她专门把自家地种出的豌豆，作为零食给次旺多吉吃。

次旺多吉 7 岁那年，从达那龙夏谿卡回到拉萨，与父母一起住在布达拉宫前面的德吉夏宅院（意为幸福之宅）。有一天，龙夏夫人要带次旺多吉和他弟弟去朝佛。次旺多吉和乌金多吉洗完脸，急忙从卧室跑出来。卧室外有两级台阶，台阶下面放着一把壶，次旺多吉从台阶上跳下去时摔倒在地，前额正好撞在壶上磕了一个大口子，鲜血直流。这下可把龙夏夫人吓坏了，她又是捶胸跺脚，又是不停地念叨儿子会不会死呀，几乎昏过去！后来次旺多吉每次回想起这一情景，都要感念母亲。

当次旺多吉 8 岁时，父母亲把他送到学堂去读书。这是一所位于布达拉宫前面的私塾学堂，是由政府文告抄写员贡嘎仁钦开办的。贡嘎仁钦老师身材高大，神情严肃，对学生从来不苟言笑，学生都很怕他。私塾学堂的制度很严格，当阳光照到根培乌孜山（位于拉萨西郊哲蚌寺背后）头时，学生就要到达学堂，并立即背诵赞颂文殊菩萨的经文《文殊智慧经》。然后，根据学生们各自不同的阅读能力，分别读书一个多小时后才可休息一个半小时。

贡嘎仁钦老师家住布达拉宫前的白德仓，学生经常趁休息之机到修赤林卡（原劳动人民文化宫，现布达拉宫广场）去玩耍。休息过后，又开始上课，主要是在习字木板上练字。12 点钟放学回家吃饭，学生们临走之前，由班长检查每个人写字是否写够了规定的行数。如果有人没写足行数，班长就按不够的行数用竹板打面颊。有时，老师亲自检查，如果谁没写够行数，老师就用皮鞭抽他的屁股。下午放学时，也要同样检查。平时，学生请老师检查字体好坏时，没有写好的，老师便写在习字板上，让学生临摹，或是指导学生应该如何书写。如果还写不好，老师就用鞭子抽打。抽打时，老师总是让 4 个年龄较大的学生按住被打学生的四肢，脱掉他的裤子。次旺多吉很害怕老师，处处谨慎小心，字写得也不错，挨打较少。但是，有时次旺多吉也因为没写够，背书发音不准或读错音、背不上来等原因而挨打。他的弟弟乌金多吉则因为经常在写字时说话，或者与同学打架，挨打就成了家常便饭。

老师的夫人，学生都称她“太太”。她心地非常善良，每当看见老师打学生时，就会劝解。如果老师还不住手，她就解下自己的围裙盖住学生的屁股。

次旺多吉 11 岁那年，龙夏·多吉次杰带着他到日喀则地区巡视，巡视完日喀则，再到拉孜、协格尔等地巡视。当时，在珠穆朗玛峰脚下的一个山坡上有座寺庙，该寺庙有一位名叫杂绒布瓦的上师，是龙夏·多吉次杰的根本上师。龙夏·多吉次杰前去拜谒，并请求大师为儿子改取俗名为“久美次旺多吉”。龙夏夫妇原先打算让儿子出家，取法名“阿旺洛桑”，后来又改主意决定让儿子为俗人，以便继承家业。故而龙夏·多吉次杰趁巡视之际请大师为儿子更改名字。

次旺多吉 12 岁那年年初，他们返回拉萨。

次旺多吉过继到尧谿·拉鲁家

十三世达赖喇嘛所作的“次旺多吉为好”的一个批示改变了次旺多吉的命运。但是，次旺多吉是公爵老遗孀之夫婿，还是义子、养子，是属于入赘，还是过继？达赖喇嘛为什么会做出这样的批示？次旺多吉改名之前，其父是否已经知道会有达赖喇嘛的批示？这些问题，恐难用一句话说清道明。

当时，龙夏·多吉次杰为孜本，深受达赖喇嘛器重。次旺多吉的父亲与达赖喇嘛的这层关系也许是问题的关键，但是他们俩到底是怎样互动或者商榷的，我们不得而知。次旺多吉先生在后来的回忆录中写道：“我十二岁那年，有一天父亲把我叫到他跟前，对我说：自在佛大宝（即十三世达赖喇嘛）批示，命你到拉鲁家去当义子。你的异母兄长旺钦玉拉已经入赘夏扎家。你生母的孩子当中，以你最大。我本想把你留在身边，但是自在佛大宝对咱们格外施恩，令你到拉鲁家去。拉鲁家比咱们家大得多，你到那里去，一定会幸福的。我只得谨遵父命。”[①] 那时次旺多吉以为到大户人家，不仅生活舒适，而且也不用上学了，再也不用去见那严厉的老师。

决定次旺多吉过继到拉鲁府后，龙夏家着实做了一番准备：专门比照次旺多吉的身材，缝制了各种缎袍、彩靴和汉式刀碗套等。一切准备就绪后，在一个黄道吉日，拉鲁家派出上百名仆人马队携带整套服装来迎接次旺多吉。次旺多吉腰系大红绸腰带，腰上挂着汉式刀碗套，脚穿彩靴，发辫上挂着黄金“噶乌”（宝盒，用珠宝嵌成匣状的装饰品），左耳戴索吉耳坠，右耳饰绿松石。拉鲁家迎接马队专门为次旺多吉牵来一匹膘肥体壮的青骢马，他骑上这匹大马，左右各有一人牵着，另有一人扶着他。次旺多吉的舅父平措旺秋带领 4 名仆人，代表龙夏家人送行，约有十来人的马队来到拉鲁府邸。当时，龙夏·多吉次杰正值声名显赫之际，家产也十分丰厚，给次旺多吉分送的财物，诸如金银、服饰等，颇为可观。还特意送了一匹青花宝马，并把仆人平措也分派给次旺多吉了。青花宝马走路姿态好，体型美，毛色艳，次旺多吉最喜欢那匹马。

次旺多吉一到达拉鲁府邸，便举行了隆重的庆祝典礼。在楼下大厅中央为次旺多吉专门设了一个小座位就座。在次旺多吉座位的东侧对面，是央宗次仁的座位，然后依次是管家、司库等一应仆人的位子。大家坐定之后，便开始献麦穗酥糕、头道青稞酒，本府人献哈

① 西藏自治区政协文史资料编辑部编：《西藏文史资料选辑》（合订本 2），北京：民族出版社，2007 年，第 574—575 页。

达。本府人献完贺礼之后，接着便由客人献贺礼。拉鲁和龙夏两个家族的亲戚朋友们献哈达、送贺礼，庆祝活动盛况空前。第二天龙夏夫妇等家人来到拉鲁府，大家兴高采烈、欢天喜地地度过了好几天。

当时，次旺多吉年仅 12 岁，且与央宗次仁相差 36 岁，岂能成为夫婿？至多是个义子或养子。实际上次旺多吉初到拉鲁府时，央宗次仁是家里的实权长者，次旺多吉只能称呼她为“夫人阁下”，而央宗次仁则称次旺多吉为“少爷”。他们俩实际成婚之事，真可谓遥遥无期。

次旺多吉到了拉鲁府，还得继续上学。那时学习的主要内容是乘法、数学口诀，《正字法》《三十颂》《音势论》等方面的基础知识。次旺多吉每天骑马上学，由两名仆人随侍。到了学校，一名仆人留在学校等他，另一名仆人牵马回家，下午再牵马来接他。府邸司库房天天为他准备一小篓食品，央宗次仁还要另外加一些。午餐有时在学校吃，更多的时候到布达拉宫前龙夏的宅子德吉夏。到拉鲁府 6 个月以后，次旺多吉就毕业了。按照传统习俗要举办“毕业茶饭”。毕业生要向老师送礼、致谢，请同学们喝茶，吃人参果甜米饭，还要为他们布施茶钱等。由于拉鲁府是世家大族，所以送给老师的礼物，请同学们喝的茶，给他们布施的茶钱等都很丰厚。平常学生们在藏历每月的十四日和二十九日各考试一次，只有十五日和三十日才放假。但是，为了为次旺多吉举行毕业仪式，老师特意为学生们放了一天假。

次旺多吉毕业以后，坚持在家练习藏文短足行书、小行书和行草书体的书写，写完后委派仆人拿去请老师过目。至于《正字法》《三十颂》《音势论》的学习，则专门拜语法家协嘎林巴·贡布旺久为师。这位老师当时就在拉鲁府中应邀照管庄园产业。他的学识非常渊博，为次旺多吉教《正字法》《三十颂》《音势论》时，他边举例讲解，边让次旺多吉自己默写。每天都把次旺多吉写错的字拿来与正字字典对照解释，并加以纠正。与此同时，次旺多吉还学习筹算。那时没有算盘，只有筹算。用桃核代表一，小木棍代表十，蚕豆代表百，名为“普朵”的正方形小石子代表千。被称为“久兴”的小木棍和“普朵”小石子等都被摸得亮光光的。

风华正茂　步入仕途

在旧西藏，谋取公职的第一步，作为俗官首先要进入孜康[①]（审计部门）。次旺多吉13岁时，即藏历第十六绕迴火兔年（1927）元月，便进入了孜康。根据惯例，只有真正贵族出身，且有本家前辈在政府里任职的子弟才能进入孜康。进入孜康前，必须通过语文及筹算考试。筹算考试要求整数运算法必须及格，语文考试则要求短足行书、小行书、行草书的字体合乎规范。按照规矩，应试人到孜康进行筹算考试要举行庆祝活动。次旺多吉到孜康考试的第一天，专门盛装打扮，身着褐色带金线纹的缎袍，腰挂汉式刀碗套、笔筒、

① 原西藏地方政府负责财税征收、审计的机关。该机构还负责承担对在孜康当学徒的贵族子弟的教学、公职人员的推荐、噶厦俗官（除噶伦）的人事登记造册及纪律监督、按噶厦旨意对有关重大事宜召集官员会议等事务。机关所在地在拉萨大昭寺东侧。

墨水瓶、网袋、蓝色丝线穗上挂着黄金的吉祥结，足蹬彩靴，头戴“博多”帽（一种普通官帽）。由 4 名仆人随侍，骑马前往。进入孜康以后，首先向办事堂正中的宗喀巴大师像敬献哈达，然后再向各孜本（审计官，四品官）献哈达，并脱帽合十向他们敬礼。当时的孜本是次旺多吉的父亲龙夏·多吉次杰及夏扎、卓嘎沃、恰鲁瓦等 4 人。孜巴（审计员，五品官）们虽然也在座，但是因为次旺多吉为色南巴（副四品），所以不必向孜巴们献哈达。孜楚巴（审计学员）按照资历就座，而色南巴则按照惯例，献哈达过后便坐在排首的一个有条纹的白氆氇圆垫上①。众人就座后，清洁员依次向孜本、孜巴和孜楚巴敬献切玛②。然后，新来的孜楚巴将自己的坐垫放至房间中央，开始筹算考试。

考试结束之后，由首席孜本就孜楚巴的职责向新来的孜楚巴进行训诫。次旺多吉进入孜康时，其父亲为首席孜本。为了避嫌，由孜本卓嘎沃对次旺多吉进行训诫，其内容是：“自今日起，务必勤于语文与筹算等习练，努力奋进，今后争做卓有功绩的公职人员。”训诫时，次旺多吉严守规矩，脱帽垂首聆听。

次旺多吉虽为色南巴，但当时孜康里没有比他资历更深的孜楚巴，所以平时次旺多吉总是坐在孜楚巴们的首座。孜楚巴们每天早晨 9 点钟就要到孜康，并立即开始自习筹算。由孜巴们检查孜楚巴

① 通常孜楚巴坐在白氆氇圆垫上，色南巴的坐垫略高于他们。
② 制作切玛用的糌粑由新来的孜楚巴提供。仪式结束之后，这些糌粑归清洁员。

的筹算情况，孜巴扎西白绕对孜楚巴检查得最为严格。

后来次旺多吉回忆说，那时，夏格巴·丹增南杰老先生（一说丹增诺杰），早在火兔年就担任公职，已是80多岁的耄耋老人。他晚年出家，穿着僧服，有时也到孜康来看孜楚巴们的筹算。他担任公职达60年之久，是以往官员中资历最深、担任孜巴时间最长的人。孜巴和孜楚巴们都很尊重他。据说，在他担任孜巴后期，每逢审读账册时，总像是睡着了，但是每笔账对账结束之时，他都点评得恰到好处，从来没有失误或是忘记过。熟能生巧也不见得这么神吧！

平时孜楚巴们到达孜康，练习一段时间筹算后，孜本们才来上班。当孜本们到来时，一名清洁员先进门，高呼“请进！”这时，孜楚巴们要立即起立，排队，向孜本们敬礼。而孜巴们只是站立起来，无需向孜本们敬礼。孜本们就座之后，孜楚巴才准许落座，并停止筹算、书法练习及写作等。按照惯例，孜巴们每天都要带一两名语文、筹算较好的孜楚巴去参与他们的实际工作，以便孜楚巴们得到实习的机会。

次旺多吉的父亲龙夏要他当孜楚巴的本意，是让他在一两年内好好地学习筹算及语文，然后再申请官职。当时，十三世达赖喇嘛经常写木板手札给龙夏。藏历二月份，在颁赐给龙夏·多吉次杰的信札中达赖喇嘛写道：“此次初八食子节（即藏历三月八日），将汝子列入新任候补官员之列。拉鲁乃一世家，然而其家族中无人为官，故此次应特殊申请求职。”[1]龙夏·多吉次杰只好一改初衷，按照达赖喇嘛的旨意，把次旺多吉名字列入申请官职人员的名单。虽然次旺多吉申请官职已得到达赖喇嘛特允，但是必须经过语文和筹算考试。次旺多吉进入孜康的时间很短，考试及格毫无希望，为此，龙夏·多吉次杰托付于穆甲瓦和扎西白绕两位孜巴，请他们为次旺多吉辅导筹算应考知识。那段时间，次旺多吉白天到孜康学习，孜康下班后还要轮流到两位孜巴的住处学筹算，一直学到半夜。龙夏·多吉次杰对儿子说：“大宝佛（即达赖喇嘛）特别准许你为官，对此我只有满怀感激。但是，关键在于你。这次专门让你练习试题，是在为你以后寻找出路，要是在短时间内练不好可不行！”父亲对儿子语气异常严厉。于是，次旺多吉便开始了紧张的学习，两位孜巴也不辞劳苦地辅导他。孜巴穆甲瓦性情温和，教得很耐心。而扎西白绕的性格却比较暴躁，筹算时要是出现差错，他就用手里的笔敲打桌子。父亲也时常抽查次旺多吉的学习情况，有一天，还考了一下儿子的筹算。虽然都算对了，但是他发现口诀讲得不对，于是，又让儿子练习口诀背诵。

没有过多久，申请官职的考试正式举行。当时申请官职的考生只有次旺多吉和孜楚巴卡尔卡·嘉措两个人，指定次旺多吉首先应试。次旺多吉应试顺利通过，并得到监考官们的夸奖。卡尔卡·嘉

① 西藏自治区政协文史资料编辑部编：《西藏文史资料选辑》（合订本2），北京：民族出版社，2007年，第577页。

措在应试中虽筹算出现了几处差错，遇到了一些麻烦，但是也总算通过了考试。他本来有位兄长是政府官员，本人则留在谿卡（庄园）经管家产。由于兄长去世时无子嗣，所以他才作为兄长的继承人当了孜楚巴，进而申请官职。那时，他大概已年过四旬。当时的司伦雪康已是耄耋之年，另一位司伦朗敦则正当青春年少，所以在社会上流传着“老少二司伦得到老少二新官”的说法。

按照甘丹颇章惯例，每年 3 次任命新官员。第一次是在藏历新年元月二日，新任官员对达赖喇嘛进行“首拜”（即新任官员首次拜见达赖喇嘛）。第二次是在初八食子节，即藏历三月八日。那一天，噶厦的僧俗官员都要脱去冬装，改着夏服。仪式上，新任官员向达赖喇嘛进行“首拜”。第三次是在藏历十月二十五日，即甘丹燃灯节（宗喀巴大师祭日）。那一天，噶厦的僧俗官员们要脱去夏服，改着冬装。仪式上，新任官员对达赖喇嘛进行“首拜”。在一般情况下，每次任命新官员时，都有两名孜楚巴申请官职。因此，一年便有 6 名新增官员。但是，有时有的孜楚巴考试不及格，则只能任命一名新官员。有时孜楚巴的语文、筹算都很好，因而也会出现任命 3 名新官员的特殊情况。

次旺多吉是在三月八日食子节，于布达拉宫举行的仪式上“首拜”达赖喇嘛的。那天是地方政府大典，首先由僧俗官员拜谒达赖喇嘛，然后依照职务高低分别就座。再由新任的两名官员向达赖喇嘛敬献“曼扎”及“三所依”（即佛像、佛经、佛塔）。达赖喇嘛赏赐给他们护身结及油炸果。领赏后，新任官员回归各自座位。当时，与次旺多吉邻座的宇妥·扎西顿珠向他表示祝贺。

依照惯例，新任官员均被分派到各机构担任书写员或办事员。次旺多吉被分派到孜康去当书写员。当时，次旺多吉的父亲既是孜本，又兼任巴细列空（税收和审计机构）的管事官。所以，次旺多吉在孜康没有待多久，又到巴细列空当书写员和办事员。当时时兴拜名师，噶雪·曲吉尼玛为次旺多吉介绍了一位来自琼布丁青地区具有高深学问的上师。次旺多吉请那位上师讲解《三十颂》《音势论》《诗词学》等。在此期间，上师一直居住在拉鲁府邸。

次旺多吉 15 岁那年，即藏历第十六绕迥土龙年（1928），龙夏·多吉次杰接到十三世达赖喇嘛颁赐的木板手札："拉鲁宫原系第六世达赖喇嘛仓央嘉措建造的休闲场所。此后，第八世、第十二世达赖喇嘛会见父母时，也曾在此居住过。我也将于后天前往，应速作部署。"[1] 于是，尧谿·拉鲁一家按照龙夏的吩咐准备迎请达赖喇嘛。经过一天的紧张忙碌，第三天一大早龙夏·多吉次杰便专程来到拉鲁府检查准备情况，然后让次旺多吉带领两名仆人去途中迎接。次旺多吉等人离开拉鲁府约二里路时，远远望见达赖喇嘛的马队从罗布林卡北门缓缓而来，排前列的是几个骑兵，其中一个骑兵手擎大旗走在最前头。达赖喇嘛乘骑在中间，索本、森本、曲本、大卓

① 西藏自治区政协文史资料编辑部编：《西藏文史资料选辑》（合订本 2），北京：民族出版社，2007 年，第 578 页。

尼[1]簇拥左右。警卫代本（相当于团）、茹本（即队长，相当于营长）及警卫十余骑紧随其后。次旺多吉赶紧下马，面朝达赖喇嘛走来的方向叩首，然后，手捧哈达迎上前去。快接近马队时，走在前面的大卓尼郭布瓦下马，次旺多吉便将哈达献上。大卓尼接过哈达，朝达赖喇嘛挥动了一下，表示已有迎请人员敬献了哈达，然后将哈达套到次旺多吉颈项上。次旺多吉立即脱帽，后退三步，站在路边，待马队走过，他跃马从马队一侧飞快赶到拉鲁府邸。龙夏早已手捧香花在门外迎候。次旺多吉也立即下马，手捧香花加入迎请行列。达赖喇嘛在拉鲁府石板院下马后，由森本堪布扶着上楼，在东台宝座上就座，并在此举行迎请仪式。次旺多吉献上曼扎和三所依。达赖喇嘛接见拉鲁的主仆及百姓并为之摸顶，随后视察拉鲁宫。而后达赖喇嘛指示：建筑物拆除前要把壁画临摹下来。维修费用主要由拉鲁府筹措，地方政府给予一定补助。要召集画师先将所有壁画临摹在纸上。拉鲁宫原壁画绘声绘色、栩栩如生，绘有中原皇帝习武场面，还有琮本·诺布桑波（商贾王）从康定往西藏驮运贩茶的故事。六世达赖喇嘛仓央嘉措时期新建的这座拉鲁宫，年久失修，且因建在湖面之上，木料受潮大多腐烂。十三世达赖喇嘛早先已经从布达拉宫用望远镜看到拉鲁府邸显得很破旧，经过考察、酝酿和论证，对拉鲁宫进行了全面维修。

---

① 即膳食官、内寝官、祭祀官或者供养官、大礼宾官，亦即司膳官、司寝官、司祭官或者司供官、大司宾官。

当时拉鲁宫西侧有一条水渠，水流清澈明净，当地人都取此水饮用。相传此地水质良好，且冬温夏凉，格外香甜，被誉为“八功德水”。拉鲁宫后边园林中的人工湖心建有一座汉式凉亭，四面亭柱上挂着布帘，四周栽培多种花卉，景色绝佳。那天拉鲁府特别邀请达赖喇嘛到此小憩。上凉亭得坐小船。次旺多吉那天亲自为达赖喇嘛划船。因为他平时喜欢玩耍，船划得不错。达赖喇嘛高兴地对次旺多吉说：“你这小鬼划船的技术不错嘛，转一圈吧！”达赖喇嘛在凉亭就座后对龙夏说：“这孩子很勤快，但不要娇惯了。要让他学文化、学本事，将来会成为有用之才。”次旺多吉听了心头美滋滋的。平日里父亲对他要求很严，那天仍然板着面孔，显得很严肃，并没有夸奖他。

凉亭里摆好了一对厚垫，上面铺着黄色锦缎，是达赖喇嘛的坐垫。两边摆有薄垫，近侍土登贡培和龙夏右边就座，左边是近侍甘丹和南木准的坐垫。这天的午餐，拉鲁府只提供所需食材、原料，制作饭菜和传菜摆设等均由尊上厨师和侍从负责。次旺多吉负责划船来回接送，近侍索朗罗布和德庆英色负责上菜端饭。为达赖喇嘛奉上4道菜，近侍们的午餐要简单些。警卫代本、茹本、骑兵及索本、森本、曲本、大卓尼和侍卫等都在林卡的大帐篷里吃饭、休息。午餐过后，近侍甘丹和南木准到湖边林卡中闲逛，达赖喇嘛同近侍土登贡培、龙夏交谈。几个人一会儿谈公事，一会儿说家事，不知不觉中过了一天。太阳快要落山时，达赖喇嘛一行才离开拉鲁宫返回罗布林卡。从那天起，每年夏天达赖喇嘛都来拉鲁宫两三次。达赖喇嘛的到来着实为拉鲁府带来巨大的荣光与机遇。

次旺多吉 16 岁那年被任命为达孜宗宗本（相当于县令）。由于年幼，没有从政经验，他便指派佣人次旺绕丹代理宗本职责。他在 17 岁那年，正好轮到俗官骑射考核。[①] 俗官担任初级官员三四年之后，就要经过骑射（打枪、射箭、使矛）考核。这是一个古老的传统。射击成绩由孜本（噶厦孜康负责人）检验并将射程和名次记录在案。凡是谋求初级俗官职位的，不论什么人，都必须经过“俗官骑射考核”，没有任何特殊和例外。

每年举行传召大法会时，拉鲁府按惯例要预备数匹马，并从仆人中选出几名骑术精湛、骑姿优美，枪、箭、矛射击技艺出众的集中训练，为参加传召大法会的赛马射箭活动作准备。每到这时，次旺多吉便同他们一起训练。练到一定程度就到慈松堂进行试骑。经过几天的试骑，次旺多吉就要选两匹蹄疾步稳的骏马。这两匹马灵性好，能够一提缰绳便立即停步。骑手只要能够瞄得准靶子，马儿是能令骑手满意的。考核场地设在罗布林卡金色颇章北面的嘉措麦地方，达赖喇嘛面对竞技场而坐。参加考核的贵族子弟都由一名身穿白袍、头戴白帽的仆人牵着马走在前面，依次入场。应考人员的骑射成绩由孜本评定名次，再由噶厦呈报达赖喇嘛审阅后，给优胜者以奖赏，献哈达。最后在“愿神得胜”的吉祥仪式中结束。

藏历第十六绕迥铁马年（1930），根据十三世达赖喇嘛的旨

① 官员统称仲科，俗官称雪仲，僧官称孜仲。

意，确定次旺多吉和丁元、噶琼巴、嘉冲朗索及扎林巴等俗官到扎细军营参加军训。这次军训的目的旨在培养未来的军官。次旺多吉等到扎细军营时，宇妥·扎西顿珠、丁恰·多吉坚赞、桑顺雪·班典曲旺等已经在那里。他们三人都在印度古扎接受过炮兵训练，会操作火炮。因此，由他们担任火炮训练教官。头上编有发髻的学员，享有晚上回家的特权，白天同士兵一起参加军训。警卫部队的茹本普布顿珠，定本米玛、益西担任教练。每天早上是军训课。当时他们使用的是英式步枪，训练卧、跪、立三种射击姿势。他们每天刻苦操练，很快掌握了火炮发射及拆卸安装等技术。当时接受军训的除以上五名新学员外，还有三十来名新兵。一开始就进行队列操练，俗官中嘉冲朗索因体质较差，未能坚持，中途回家。次旺多吉等其他四人同新兵继续参加训练。步兵教官普布顿珠性情非常暴躁，动辄打骂学员。嘎琼巴较为倔强，在一次立姿射击训练中，他的动作不符合教官的要求，普布顿珠便惩罚他。首先令其单手托枪顶肩站立，然后让他趴在地上不动。嘎琼巴硬是不从。普布顿珠恼羞成怒，以嘎琼巴顶撞教官为由，向达赖喇嘛的近侍土登贡培告了一状。近侍土登贡培责备嘎琼巴，责问他作为官员，为何不守军纪。嘎琼巴回答说："教官明明知道地上有屎有尿，还硬让我在此'本斯'（英语音译，意为一种军纪惩罚），所以我难以接受。"贡培认为关于军纪问题可以商量。宇妥等人提出普布顿珠不适宜当教官，其他受训人员都随声附和。第二天，普布顿珠被免去教官职务。从此，其他两位教官更加耐心地教导学员，训练成绩大幅提高，步兵训练科目也在3个月之内顺利完成。这批学员继续接受训练一年半。在接受英式“占波扎尔”大炮训练阶段，每天早晨锻炼力气，主要是抬举炮轮进行锻炼。两个炮轮同时举起来，看谁举的次数多。有个大力士连续举5次，其他学员望尘莫及。当然，后来经过一年多时间的锻炼，每个人都能举10次左右，还能举着轮子跑步上前将轮子驮在骡背上。那时，次旺多吉虽然也算得上是有力气的学员，但是炮训合格的标准是：在教练发出口令后的15分钟内完成大炮拆装，并将大炮驮上骡背。因此，他不得不进行长时间的苦练，每周除星期日放假外，其余均为军训时间。每天训练下来，都是汗流浃背，吃了不少的苦。完成大炮装卸训练任务后，进行空炮射击训练。学炮科除俗官学员外，还有三十来名警卫部队的士兵——这是为培养未来的军事教官。

学员们完成炮兵训练任务，基本掌握大炮射击要领后，近侍土登贡培向达赖喇嘛禀报了他们的学习情况。一天，在扎细军营后面的平坝上搭起了一顶黄色帐篷。达赖喇嘛在近侍土登贡培、大卓尼和3名膳食官以及随从人员的陪同下，亲自驾临扎细检阅。那时，演习场地设在平坝的东侧，火炮靶场设在米穷山下。根据当时安排，首先进行马术跳跃壕沟、步枪射击等汇报表演，然后再进行火炮射击演习。三十几个学员做好准备后，教官还让学员演练队列、口令等科目。突然，达赖喇嘛命大卓尼传话，命令俗官们同士兵一样进行火炮实弹射击。次旺多吉站在排头首先表演。他发射的第一发炮弹落在靶下，修正瞄准器后再射击，第二发炮弹正中靶心，顿时尘土飞扬。次旺多吉朝达赖喇嘛一望，只见他露出满意的笑容，次旺多吉心中有种说不出的惊喜。接着学员们在帐篷里朝拜达赖喇嘛。达赖喇嘛指着次旺多吉说："炮打得不错嘛！"达赖喇嘛奖励他一条阿喜哈达，一根青绸护身结和 50 两藏银，次旺多吉十分高兴。不久，他被任命为军事教官。

次旺多吉 19 岁那年即藏历水猴年（1932），被列入开赴北部前线的军官名单，士兵、武器都由噶厦调配。因为拉鲁府是大户人家，私人所带的 20 名佣人的武器也全部由政府配给。次旺多吉遵照命令，作好出征准备。临行前，达赖喇嘛决定派次旺多吉的大哥——警卫部队茹本（相当于营长）旺钦玉拉去前线，命令次旺多吉代理茹本。这很可能是达赖喇嘛看了次旺多吉的军事表演，产生好感，特意将其留在自己身边。加之龙夏是达赖喇嘛的心腹，对政府一心一意，其子也必定如其父。那时，次旺多吉年轻力壮而且机警。达赖喇嘛警卫部队正需要这样的军官。警卫茹本的任务是负责达赖喇嘛在罗布林卡、布达拉宫和出巡时的警卫工作。也就是说，不管白天、夜晚，都要负责查看各岗哨执勤人员是否坚守岗位，对夜间在宫殿周围执勤的岗哨更是要勤查。达赖喇嘛外出时，要配合马队跟随。达赖喇嘛乘汽车外出时，代本江热 · 旺久塔青和部分骑士要先行；返回时，他们要先赶到布达拉宫马蹄状环形马路等候。当达赖喇嘛抵达宫前时，骑士仪仗队向达赖喇嘛致敬礼、吹军号，并负责警卫。达赖喇嘛离开罗布林卡时，茹本和一部分骑士在大门口组成仪仗队，吹军号，举行欢送仪式。

警卫部队代本江热·旺久塔青是位沉着冷静、性情温和、公道坦诚、效忠于达赖喇嘛的俗官。达赖喇嘛对他十分信任、器重。达赖喇嘛住在罗布林卡，他也寸步不离地驻守在那里。那时次旺多吉年轻好玩，经常请假，每次请假，他都痛快准假。有时夜晚请假回家，明知第二天达赖喇嘛有外出活动，但他还是准假，只是叮嘱次旺多吉第二天天亮前一定要赶回来。

藏历水鸡年（1933）二月间，达赖喇嘛前往甘丹寺参加甘丹达孜供养活动。途中，达赖喇嘛有时下马徒步前行，所有随行人员，包括卫队也都要下马步行。

次旺多吉受过严格军事训练，各种长短枪的射击都熟练、精准。自从担任代理茹本后，不准随便携带枪支。这次，达赖喇嘛去甘丹寺，由次旺多吉担任侍从，出发前准备从家里带上一支手枪。这时父亲龙夏问带枪干什么，次旺多吉随口就说："担任达赖喇嘛的警卫，需要枪。"父亲严肃地说："没有这个必要。大宝佛（达赖喇嘛）乃观世音化身，绝对不会有人伤害他。如果带了枪，在他跟前万一走火，谁担待得起？如果一定要带武器，你们军官佩带的长刀也管用啊。"这样，次旺多吉只好带上一把好刀。到甘丹寺后，有一天，达赖喇嘛叫近侍土登贡培问次旺多吉，是没有枪，还是没有带来？次旺多吉把父亲说的话重复了一遍。次旺多吉还补充说，政府只发长枪，短枪还得自己准备。第二天，近侍土登贡培发给次旺多吉一支苏式手枪和一个装有十发子弹的弹夹，并嘱咐他今后执行警卫任务一定要带枪，但是子弹不得上膛。当时年轻的次旺多吉为自己能佩带手枪而感到无比兴奋、荣耀。

甘丹寺属达孜宗管辖。次旺多吉任达孜宗宗本期间，曾前往甘丹寺朝拜达赖喇嘛。达赖喇嘛问："你是达孜宗宗本，在宗里待过吗？"次旺多吉回答："没有。我差了一名能干的用人代替我。"这次达赖喇嘛又问："你进寺朝佛没有？"回答没有。达赖喇嘛让他第二天就去朝佛。平时在政府忙工作，难得来一次。达赖喇嘛批准次旺多吉放假一天去朝佛。

达赖喇嘛上甘丹旺布山时，内侍们都可以骑马跟随上山，而警卫本来都应该徒步登山。但是达赖喇嘛警卫部队的代本、茹本等军官则允许骑马上山。代本江热瓦已是上了年纪的人，确实需要骑马，可是对次旺多吉这般年轻人也如此关怀，令其感恩之情油然而生。次旺多吉骑着马跟在达赖喇嘛黄轿之后，有时下马步行一段路时，他才放开缰绳，让马跟随在身后。走着走着马突然受惊，一下子跑到达赖喇嘛轿子前面去了。次旺多吉吓蒙了，傻等着准备挨训。可达赖喇嘛却让一名轿夫帮他抓马，连一句责备的话都没有。到了山顶，烧香诵经之后便返回甘丹寺。在甘丹寺的佛事活动结束后，第二天离开甘丹寺返程。走到甘丹寺下面磕头的地方，达赖喇嘛让侍从铺上磕头垫。这时负责铺垫的南木杰扎仓的僧人一时迟疑不决。达赖喇嘛再次令其铺垫后，他才无可奈何地顺从了。达赖喇嘛下轿磕了三个头后上轿启程。这时，侍从中有人悄声议论，大师在这儿磕头，是遗忘了那个传说，还是别有他意。总之，这不是吉兆。据传说，在此磕头表示告别，意味着今后不再来了。当晚，夜宿甲斯岗。庄园林卡里搭有帐篷，达赖喇嘛就在帐篷内休息。负责警卫的次旺多吉等就在林卡外围执勤。甲斯岗庄园主即功德林寺代理庄园主来到勤卫处，对代本江热瓦和茹本次旺多吉说：“请二位老爷上来吃点饭。”代本说：“我俩不能离开这里。”但是经不起他再三恳请，就去吃饭了。就在这时，突然刮起一阵狂风，将帐篷的一个木橛拔起来，绳索也松动了，帐篷摇摇欲倒。为此，近侍土登贡培派人四处找代本和茹本。贡培一见他俩就责备了一通，听了代本的说明后，贡培强调在林卡的警卫任务比在宫殿执勤更重要。第二天，从甲斯岗出发到拉东先卡。达赖喇嘛先乘轿，过先卡渡口（拉萨大桥以东渡口）后再改乘黄色小轿车。警卫人员骑马紧跟在轿车之后。

那年夏天，次旺多吉接受了清点、登记存放在罗布林卡其美却吉宫楼下库房里的手枪和子弹的任务。次旺多吉带领几名士兵，将枪支弹药一一清点造册、擦枪上油。

警卫人员日常的任务是守卫好达赖喇嘛住处罗布林卡的各个大门，晚上还要防守围墙脚下的出水洞。次旺多吉担任代理茹本的一年间，有时晚上离开新宫回家时，虽然向代本请了假，但未经达赖喇嘛批准。因此，拉鲁总是把一名仆人和一匹坐骑留在罗布林卡，并嘱咐其不要说次旺多吉回家了。为了随时听从佛爷的使唤，次旺多吉在家里准备了两匹备好鞍鞯的马，以备一旦接到通知，便立即跃马前往。一天夜晚，野狗从围墙脚下的水洞钻进新宫院内，与院内圈养的家犬相互撕咬，闹得全院人不得入睡。上面差人找次旺多吉，留在新宫的仆人来家喊他。次旺多吉立即飞身上马，飞速赶到罗布林卡，院子很快恢复了宁静。

警卫茹本恰巴·旺钦玉拉由北部返回拉萨，次旺多吉也因身体不适，请假回家休息。一天，达赖喇嘛特意派自己的医生钦绕诺布来查看他的病情。医生诊脉后说，身体稍有不适，但不影响日常活动。次旺多吉向医生道出实情："我还年轻不大愿意经常待在罗布林卡，而且现在茹本也回来了，我无须再代理。"随后不久，次旺多吉果真申请辞去代理茹本职务，并得到批准，他再也不用到罗布林卡上班了。

当时，正值筹建"仲扎"部队（意为殷实户子弟兵）。这是十三世达赖喇嘛励精图治、奋发图强的举措之一。上级命令次旺多吉去学习两种英式机枪（英语叫米森根、鲁色根）的使用。随即征集了一千名仲扎部队士兵，正式组建了仲扎扎细军营。宇妥·扎西顿珠任代本、车仁·晋美松增任代理代本、阿沛·阿旺晋美任茹本，次旺多吉被任命为教官。教官要负责军事训练，天天到各班检查训练情况。

依照惯例，四品官及色南巴以上的官员都要轮流当一次雅索（古装卫兵，后期只是形式），带有支差的性质。藏历水鸡年（1933）的传召大法会，轮到次旺多吉当雅索，助理雅索本是扎萨克擦绒·达桑占堆（扎萨克为正三品官），因其年迈，经允许由朵索顶替。这一年，达赖喇嘛破例去观看宗角（宫后）赛马等活动，并下榻拉鲁府邸。这样，请贵族们到拉鲁府做客的常规只好叫停。那天，龙夏·多吉次杰坐在达赖喇嘛身边作赛马活动及有关人员的情况介绍。按照惯例，传召大法会的赛马活动结束后，两位雅索也得赛马，经批准雅索本人可以免赛。这一年，因为达赖喇嘛亲临观看，不敢要求免赛。于是，次旺多吉和朵索两人也作了雅索献技表演。另外，从英国学成归来的军事体育教练土登，也令近期训练过的部分警卫士兵在拉鲁林苑做了汇报表演。

第三章

风云突变　命途多舛

藏历水鸡年十月三十日（1933 年 12 月 17 日）下午两点半钟，时年 58 岁的十三世达赖喇嘛土登嘉措，在罗布林卡格桑颇章的寝宫其美却吉圆寂。众人未能预先听闻病情，突然传来如此噩耗，僧俗众人悲恸欲绝，沉浸在无比悲痛之中。其实，从水鸡年（1933）十月初以来，达赖喇嘛常感身体困倦，但是没有引起近侍随从们的注意。二十日前后似乎患重感冒。二十四日，按例接见下密院冬季谒见的僧众，感觉身体沉重。二十五日，不能起身参加上密院冬季谒见和燃灯节仪式。第二天起，司伦、噶伦和近侍基巧堪布等人知道后，迎请甘丹寺卸任法台强巴曲扎和经师普觉活佛向达赖喇嘛敬献曼扎和三所依，祈祷长久住世，达赖喇嘛没有在寝室接见他们。强巴益西医生号脉敬药，乃琼护法神磕头、祷告，也敬了药。

宣布噩耗后，全体人员取下耳环、头饰等装饰品，市场和酒馆关闭，黄昏暮日时布达拉宫、罗布林卡、大昭寺吹奏哀乐，拉萨各家各户点燃忌辰的晚间祭灯，布达拉宫、罗布林卡、大昭寺、哲蚌寺、色拉寺、甘丹寺、功德林、丹杰林、策角林、锡德林的各经堂尽其力量摆上致祭供。

人们在深切缅怀佛爷恩德的同时，谈论共同关心的政教大事。此时，仲扎扎细军营的军训活动停止，次旺多吉在仲扎扎细军营教官之职也就此为止了。达赖喇嘛圆寂后，噶厦立即召开“扩大会议”，着手办理法体保护和祭悼等事宜。

局势剧烈震荡

达赖喇嘛的法体由罗布林卡其美却吉寝宫迎请到金色颇章大殿时，所有噶厦官员都身着丧服，瞻仰遗容。各部队也派代表前来致哀。次旺多吉和帕拉·土登维登奉命负责掌管粮食和祭供财物等供应。在这非常时期，西藏地方局势动荡，噶厦和“扩大会议”频繁召开会议。相关人员查阅了有关规则和文件，决定整理好遗体，让以公职人员为代表的拉雪僧俗民众瞻仰遗容；同时，让各地举行悼念致祭活动，随即委任祭奠供坛管理人员等。当时，除噶伦詹东·久美嘉措在昌都外，根顿曲塔活佛、赤门巴·罗布旺杰、囊琼瓦·白玛多吉等噶伦都在拉萨。由于他们对大师的圆寂原因没有及时调查，所以“扩大会议”对他们提出了严厉的批评。会议代表指出，噶厦，仲、孜[①]僧俗官员及“扩大会议”根本不知道大宝佛突然

① 仲、孜即 4 名僧官仲译钦莫和 4 名俗官孜本的简称。

圆寂的事实真相。这个问题必须查清楚，不能就此了结。于是，“扩大会议”决定追查责任。西藏地方“扩大会议”由政府上层僧俗八大官员、三大寺堪布代表和僧俗民众代表参加，享有极高权力。

“扩大会议”一开始，招来达赖喇嘛的保健医生询问为大宝佛开方敬药的情况。强巴益西医生说，大师先是感冒，随后有些发烧，用药无效而圆寂。会议对此答复极为不满。愤怒地质问：“向大宝佛敬药之事没有请示会议和噶厦，你请示过何人？究竟敬用的是什么药？不许敷衍塞责，必须翔实交代。”有的代表严厉责备道：“正是由于你的失误，致使眼前的西藏陷入有肩无首、有天无日一片黑暗的境地。”医生解释道：“大师开始感冒发低烧，我敬了药。此后在关键时刻敬药的可不是我。”他的这一说法，立即激起代表们的更大愤怒。齐声责问道：“那么敬药的是谁？造成西藏无肩无首、有天无日一片黑暗的到底是谁？”在无可奈何的情况下，强巴医生提道，三十日圆寂前夕即二十九日，乃琼却吉（大护法神降神师）到来后，近侍土登贡培将他请到寝室。这天，乃琼却吉只是平日的穿着，并没有穿降神装，可是一走到大宝佛跟前就降起神来。大声说出“降赐授记”（预言）——拿羌灵包乌十四味来（羌灵包乌十四味是一种治感冒的藏药）。当时，强巴益西医生正在大宝佛寝室门口，听到这话后，不禁双膝跪在门外，大声恳求说：请不要用羌灵包乌十四味，用此药可太危险啦。但降神师以“降赐授记”为由让土登贡培去问降神师的仆人是否带着此药。近侍土登贡培拿到药后把药袋交给降神师，降神师随即从袋内取出药，和近侍土登贡培两人一起为大师敬药。大师服过药后，病情恶化，随后圆寂。至此，会议立即派人传降神师乃琼却吉，并命令警卫部队逮捕近侍土登贡培。警卫部队接到命令后，即刻关闭罗布林卡各大门。不久，近侍土登贡培被召到会场。

十三世达赖喇嘛圆寂之前，近侍土登贡培权力达到顶峰。他没有被授予别的特殊名位和有关的头衔，但是在一些典礼或者仪式上他享有坐堪钦（正三品僧官）席位的待遇。他每次从罗布林卡前往布达拉宫、扎细等拉萨任何地方都乘坐一辆黑色奥斯汀轿车。有时他到噶厦时，噶伦们也得站起来，权势显赫一时。当时把他召到会场时，他不脱帽就站在会场中间。这时，有人厉声吼道："你竟敢在会议上对着众人不摘帽子，如此傲慢无礼。大宝佛圆寂原因你必须交代清楚。"土登贡培报告说："见大师患病，我于二十二日去乃琼寺对降神师说了大师的病情，请降神师帮助治疗。二十九日，乃琼却吉来到罗布林卡，我把降神师请到大师身边后，护法神降神敬了药。"接着会议就对降神师进行审问。降神师说当时是神灵附体，什么也记不起。这样，会议决定将这两人监禁起来。以后的几次审讯都是同样的供词。大宝佛圆寂无疑是药物引起的，会议决定要惩治他们。

在如何处置的问题上，与会多数代表要求严惩。但是僧俗官员等会议主持人说近侍土登贡培一直忠心耿耿侍奉大师，尽管这次发生了这样严重的大事，但还是要从轻处理。于是会议决定将土登贡培流放到工布孜（今林芝）岗宗。对这一处罚，普通俗官嘎强·丹巴当即提出，如此处理这等严重事故，那以后拉萨市区如发生杀人命案就难以处理！与会的僧俗民众代表也跟着起哄以示支持。然而，一些上层僧俗官员继续陈述理由，并表示会考虑适当处理。少数支持他们的人也尽讲些不痛不痒的话。最后决定撤销近侍土登贡培的职务，没收其财产，将其流放到工布地区孜岗宗恰那寺。乃琼却吉（降神师）今后不得充当降神师，撤销职务，送交哲蚌寺洛色林僧院看管。从案件审理过程可以看出，降神师得知大师病情一周后才到罗布林卡，为什么姗姗来迟，而且撇开专职医生，擅自为大师敬药？是否是敌对的政治势力周密策划之后，直接赤膊上阵谋害达赖喇嘛？很明显他有重大嫌疑，当时未能查清原委是历史的悲哀。强巴益西医生本属无罪，他是大师身边的侍从，敬药是他的神圣责任，当降神师敬药时没有坚决抵制，构成渎职罪，决定流放加查宗，没收其财产。

原本钦绕诺布大医师（藏医历算学校——门孜康的创办者）是达赖喇嘛的保健医生。达赖喇嘛圆寂前一年，他的保健医生职务无故被达赖喇嘛罢免，达赖喇嘛圆寂后涉诉的是刚替换上来的强巴医生，而不是钦绕诺布，使钦绕诺布得以继续开办藏医历算学校。据说钦绕诺布大师后来深刻领悟到达赖喇嘛撤自己保健医生职务的意图，更激起对达赖喇嘛的无限敬仰和对藏医事业的无限执着。他常常对学生讲授自己的这一感受，以激励学生奋发努力。

次旺多吉作为代表参加了那次会议，宣布他们三人的判决后，次旺多吉和孜仲土登强久奉命到罗布林卡的其热院（马厩院）查封近侍土登贡培的住房时，发现他住处的角落存放着 14 支崭新的日本造步枪和子弹袋。在当时，社会上传说近侍土登贡培企图逃走，又说，大宝佛圆寂后，土登贡培拉帮结派，图谋继续掌权，即便不能掌大权，至少也希望谋得司伦助理或噶伦助理之类的官职。有的还说，当时警卫代本江热·旺久塔青曾向他暗示：你还是丢掉做官的念头为好。因为你以前大权在握，一人之下万人之上时得罪了许多人，（若继续做官）后果不堪设想，倒不如趁现在就逃走。你一逃走，肯定会派兵追捕，到时我可以指挥部队去相反的方向追捕。从土登贡培准备枪支的情况推测，逃走的企图是明显的。诚然，假如当初他能够紧紧控制自己所管理的扎细仲扎军营，或者能够同龙夏紧密联手，或许这两位达赖喇嘛的“宠臣”不至于被人各个击破、任意宰割。

在近侍土登贡培问题败露之前，就任命摄政一事在“扩大会议”上发生了争执。部分僧官、三大寺堪布及其他代表的意见是：按照惯例，摄政必须由一名大活佛出任。以江洛坚·索朗杰布辅国公为首的部分俗官则提出：不一定由活佛来摄政，过去也有过三大司伦联合摄政的先例。况且，如今司伦朗敦·贡嘎旺久还在位，最好从僧俗官员中选拔两名精明的司伦助理辅政。江洛坚·索朗杰布还认为：“活佛出任摄政于西藏不利。活佛就是活佛，深居庙宇，不懂政治，如再配两个所谓‘管家’的老衲，什么事都不会办理，只会吸一斗鼻烟，滥使淫威。”这番话引起了全场代表的哄堂大笑。俗官们原先提出任命司伦的目的是想任命两名僧俗官员共同摄政，也就是打算任命两名有政治才干、大家都能接受的人。由于在任命摄政的人选问题上发生争论而出现小宗派和分歧意见。这时又有部分人提出，任命三大司伦联合执政本来不错，但是对大宝佛生前的心腹近侍土登贡培也应该考虑。突然提出近侍土登贡培的名字，顿时也有人发表相反意见。俗官们既不赞成又怕引起骚动，于是，倒向僧官一边。最后确定任命一名活佛出任摄政。起初次旺多吉也主张任命司伦摄政，但因为其他俗官放弃了原来的意向，次旺多吉也就改变主意了。任命活佛出任摄政的意见统一后，紧接着开始讨论由哪一位活佛出任摄政最合适的问题。会议提出甘丹赤巴（法台）米雅阿米·益西旺丹、热振呼图克图·土登降白丹白坚赞和普布觉·永增（达赖喇嘛上师）土登强巴崔成三位为摄政候选人，并决定进行面丸掣签（抓阄、掣签之俗古来有之）。在观音菩萨像前掣签，结果热振活佛中签。

当时拉萨的局势非常混乱。以前扎细仲扎军营征召的千名士兵，原由近侍土登贡培指挥。这些兵都是贵族或富家子弟。达赖喇嘛圆寂后，军纪松弛，近侍土登贡培的愿望也难以实现。藏历十一月初三，仲扎军营中不知谁煽动说，现在是告假退伍的好时机。在别有用心的人的欺骗和煽动之下，一些只顾个人眼前利益，毫不考虑政教全局的军人随声附和，仲扎军营许多军人起哄捣乱，来到罗布林卡寝宫侍从室请假退伍。而且从当天晚上就不回军营，擅自留在拉萨城内。当时扎细仲扎军营一名叫江孜本根的士兵，其子伙同日喀则一个下级官员之子带一大帮军人到噶厦门口闹事。他们叫嚷道："我们是被强迫招来并打了手镯印的，现在我们不再给你们当兵了。"当时，拉鲁府仆人中的十几个富裕户的子弟有的已经充任扎细军营的班长、定本，也都充当了闹事者中的急先锋。他们从军营出来时，已经在誓约上具名盖章。在此情况下，噶厦只好同意这些士兵回家。扎细仲扎军营也就自行解体了。当时如果近侍土登贡培控制这支部队，他就很可能起事而出现另一种局面。创建扎细仲扎军营时，扎萨克擦绒·达桑占堆就曾说过："土登贡培的招兵办法欠妥。因为来自大户人家的子弟很难齐心，而且缺乏自我牺牲精神。如果让穷人家子弟当兵，他们能接受严格的训练，不仅心齐，而且勇于作战。"当过藏军总司令的擦绒·达桑占堆的见地毕竟不同于一般人。

短短的数月内，扎细仲扎军营解散，土登贡培、强巴益西等人被流放，新摄政任命等大事接连发生，但是"扩大会议"还得继续开下去。噶厦除了顺从"扩大会议"的摆布外，完全失去了对会议的任何影响力或主导权。扩大会议的主要领导人由仲译钦莫和孜本（仲、孜八大员）担任。仲译钦莫有丁卡瓦、同波瓦·钦绕旺久、然巴·土登贡钦、洛桑格桑和孜本龙夏·多吉次杰、措嘎吾、恰鲁瓦等。他们都属于言辞激烈、态度强硬之辈，其中又以龙夏和同波瓦为最。在一般僧俗官员中能说到点子上的还是僧官丹巴绛央（此人后来成为噶伦喇嘛）和俗官嘎强·丹巴次旺两人。龙夏竭力同他们两个和好，以求形成一党。不久，他们果真成为一派。在会上，丹巴绛央派的势力越来越大。他的招数是当他要在会上发表个人意见时，先来个声明：我有个想法，但是我们需要先个别商量一下，便径自走出会场。同一派系的僧官也随即跟着离开会场。他们在会外商议好后，才由丹巴绛央在会上将他们的想法讲出。他们人多势众，其他人只好随声附和。

丹巴绛央曾担任过孜恰，曾在奉命维修布达拉宫东侧围墙时出了些差错，被近侍土登贡培免掉孜恰职务，没收了财产。故他在处理近侍土登贡培罪行问题上，不但主张从严，而且站在斗争的前列。次旺多吉的父亲龙夏同近侍土登贡培也不和——当然多半是因为争宠。这样，龙夏和丹巴绛央意气相投，自然结成了临时联盟。

龙夏改良夭折

龙夏·多吉次杰作为十三世达赖喇嘛的心腹，达赖喇嘛在世时，除了长期担任首席孜本、巴细列空主管和一度代理部队总司令之外，还曾经协助达赖喇嘛额外办理过一些文牍事务。达赖喇嘛文采过人，但是平时由于政教事务十分繁忙，加之噶厦接二连三地呈送成捆成札的报告、文书等，故将其中的部分文书交由龙夏研究处理。龙夏奉命研究修改文稿，凡该增删之处，贴上纸再改动，补充或者修改后再禀呈达赖喇嘛审核。达赖喇嘛有时通过仆人把他的亲笔信交给龙夏。因为噶厦知道此事，所以达赖喇嘛圆寂后，噶伦赤门巴就公开说："达赖喇嘛在世时，噶厦徒具虚名，并无实权。近侍土登贡培和龙夏·多吉次杰两人仰仗达赖喇嘛宠信，掌握实权。"这些说法基本上反映了当时的实际情况和噶伦们对他们两人的积怨。他们两

龙夏·多吉次杰肖像（1914年龙夏在英考察期间由印度著名画家坎瓦尔·克里希拉绘制）

人不仅与噶厦之间的矛盾很大，贡培与龙夏两人之间也因势均力敌，存在着争宠和谁也不服谁而产生的大矛盾。有一次，富商邦达仓公子尼玛就劝龙夏："您同近侍土登贡培应该握手言和，团结一致，不仅诸事顺利，而且达赖喇嘛也会放心。倘若您二位像现在这样不和，将会一事无成。您二位若能和睦相处，我也会感到高兴。"龙夏则回答："我不会投其所好，对这种无原则求和的人达赖喇嘛也不会欢喜，倒不如直来直去的好。”

不能说龙夏不熟谙官场，但是在同贡培关系的处理上略显欠妥。达赖喇嘛的这两大“宠臣”，对一荣俱荣、一损俱损的古训和朋友告诫，真是充耳不闻。土登贡培以达赖喇嘛近侍而自重，桀骜不驯，对龙夏也没有任何和解、友好的表示。尽管有人从中调解、说服两人和好，但是双方态度都很强势，都不予理睬。在这种情况下达赖喇嘛突然圆寂。达赖喇嘛刚一圆寂，龙夏就给土登贡培写信：“遗留在达赖喇嘛寝宫内的政府文稿中有部分是我修改过的，请将我修改过的文稿和政府的文件进行区分，保留政府的文件，烧毁我修改过的所有文稿。本来达赖喇嘛是先知先觉的圣人，但是由于他的政教事务太繁忙，所以无暇处理政府所有文稿，故大宝佛命我代为修改部分文稿。如果保留这些文稿，不仅别人会利用此事败坏达赖喇嘛的声誉，而且对我个人也不利。”[①] 龙夏在并未修好与贡培关系的情况下，这样写信，明显过于坦诚，过于相信土登贡培。当时土登贡培仍然掌管达赖喇嘛寝宫，对龙夏信中的要求自然也就置之不理。

“扩大会议”追查达赖喇嘛圆寂原因时，噶厦就查收了达赖喇嘛生前未及处理的各种文稿，发现其中有许多文稿上留有龙夏的笔迹。噶伦们对此义愤填膺，他们认为，达赖喇嘛虽然让龙夏做一些文牍工作，但他不该如此胡乱进谏。噶厦不仅严办了近侍土登贡

① 西藏自治区政协文史资料编辑部编：《西藏文史资料选辑》（合订本 2），北京：民族出版社，2007 年，第 585 页。

培，而且对龙夏也非常不满，从而龙夏与噶厦之间严重对立。龙夏很早便有改良西藏社会制度的宏愿。如前所述，十三世达赖喇嘛圆寂后，“扩大会议”接二连三地召开，形成了以僧官丹巴绛央为首、普通僧官为主的较大政治势力。以俗官门日瓦和嘎强丹巴次旺为首的一批普通俗官，则形成了依附于这股政治势力的另一个派系。龙夏·多吉次杰为了达到他的改良目的，与丹巴绛央和好，为争取这股政治势力的支持，做了大量工作，最终他们达成了默契。由于丹巴绛央和摄政热振活佛之间有着不同寻常的亲密关系，也使摄政与这股政治势力有了某种联系。在那短暂而混乱的时期，龙夏与丹巴绛央经常在夜晚商量有关改良西藏社会制度的事宜。他们认为西藏社会制度非改不可。英国的社会制度很适合西藏。因为英国上有女王，下有办理具体事务的大臣，实行民主选举制度。我们噶厦应当实行这种制度，即达赖喇嘛和摄政的地位和待遇依旧不变，而且还可以给予至高无上的荣誉，全民予以拥戴。主要对噶厦进行改革，以投票方式选举产生各部官员，任期为四年。四年任期届满，再进行换届选举。选举应以无记名公正投票方式进行。丹巴绛央根据两人平日间研究的情况向热振活佛作了一次汇报。之后，丹巴绛央对龙夏讲：“我向摄政谈了关于改革西藏政治制度的利端和采用英国政体的想法。现在摄政刚刚就职，如能在他对复杂的政治事务不感兴趣之时，提出改良方案，既可保留摄政的地位和待遇，又无须做那些具体的琐碎事务，热振活佛是不会不同意的。”当时热振的态度有可能受丹巴绛央他们的左右。藏历水狗年（1934），丹巴绛央和龙夏再次商榷、斟酌此事之后，起草了一份盟约草稿，但是在盟约稿中并没有写明改良西藏社会制度之事，其内容是："为了做好西藏的政教事务，我们需要团结一致。为此，创建名为'幸福同盟'（吉巧贡堆）的组织。若愿参加此组织，请在盟约下方签名。"他们秘密进行参加"幸福同盟"的签名活动。盟约文告准备了一式两份，分别在僧官和俗官中征求意见和签名。龙夏·多吉次杰负责争取俗官们的签名，他本人第一个率先在盟约文告上签名，随后让恰巴·旺钦玉拉和拉鲁·次旺多吉兄弟俩也参加"幸福同盟"组织。次旺多吉及其大哥遵从父亲吩咐，也在盟约文告上签了名。当然，次旺多吉只是尊重父亲的意愿而已，并无别的更多信念或者理想，也不了解别的详细内幕。第四个在盟约文告上签名的是嘎强丹巴次旺。此外，还有二十多位俗官签名。征集僧官签名由丹巴绛央负责，但是他本人并没有出面，而是让一个外号叫"贡朱"的僧官（真名土登格丹）带头签名。签名僧官共有八十多位。另外还有哲蚌寺的索第巴、色拉寺的强门第巴以及甘丹寺的代表贡布·赤列嘉措等。当时，"幸福同盟"会议在僧官贡朱的住所色新召开。会议的主要内容是对已经签名的组织成员进行分工，同时征求对实施改良计划的意见。在讨论噶厦的组成及选举时，部分僧官提出，选举两名僧官和两名俗官来组成噶厦，强调增加僧官的必要性等。

参与讨论改良路线图的大多数是职位不高的普通僧俗官员，没有扎萨克、台吉等职衔较高的人物。但是因为参与的僧俗官员多达一百来人，还有三大寺的代表，声势很大。他们认为改良无须使用武力，便通过上书噶厦要求召开“扩大会议”，进行充分协商，争取改良成功，尔后，通过噶厦正式向摄政热振呈报了改革方案。

正在这时，四品官噶雪·曲吉尼玛把“幸福同盟”内部情况报告了噶伦赤门巴（赤门·罗布旺杰，系噶厦首席噶伦）。赤门巴立即将情况报告给了摄政热振活佛。当时的告密者噶雪·曲吉尼玛不仅是龙夏事件的核心人物之一，而且也是龙夏的挚友。龙夏有事总是找噶雪巴商量，所以这次事件的内情和会议的议题他全然知晓。出乎意料的是，趁改良制度方案正在按序呈报之际，噶雪巴不仅向噶伦赤门巴告密，而且还添油加醋地说，改良派正准备谋杀噶伦们，特别是噶伦喇嘛根顿曲塔和噶伦赤门巴等。

噶伦赤门巴听说后感到惶恐不安，立即与首席噶伦贡嘎旺久前往摄政热振寝宫，强烈要求即刻擒拿乱党主谋孜本龙夏。摄政热振以往与龙夏私交不浅，一时没有同意，然摄政热振上任仅两月有余，权威尚弱，在噶伦赤门巴的一再强烈要求下，最终不得不默允。即刻，噶伦们合谋商定，施计抓拿龙夏并进行了精心策划。而噶伦赤门巴自己连夜逃离拉萨城躲避在哲蚌寺。

藏历三月二十七日晨（1934），“雪噶”（专为摄政接待宾客的一机构名）派专人通知龙夏即刻前往布达拉宫参加重要会议。龙夏以为只是惯例会商，便动身前往。一到会议室，“雪噶”主官命令在场卫兵扣押龙夏。同时，其他几位官员立刻前去安排牢房。此时，龙夏想起自己随从洛典带有手枪，见身边只有两名“雪噶”守卫，便趁机挣脱跑去拿枪。跑到布达拉宫后门时，洛典发现主人边喊边跑，就喊道：“老爷，手枪在这里！”然而，周围一群“克巴”（清洁员）、“康聂”（房管员）见状不妙，随即围住洛典，夺抢捉拿，龙夏也被守卫捉住，被带至布达拉宫“夏钦角”一间大房子关押。不久，他的府邸也被查封。

当时，次旺多吉和央宗次仁在拉萨木如寺聆听怙主帕邦卡活佛传授《菩提道次第论》。为便利起见，他们俩住在龙夏在八廓街附近的住宅——吉堆巴。次旺多吉听到父亲被捕的传闻，急忙返回拉鲁府，四处打听消息，得知噶雪·曲吉尼玛也被捕了。次日，接到“幸福同盟”成员开会的秘密通知，次旺多吉前去赴会。会议由僧官贡朱主持。他在讲话中愤慨地指出，由于我们为公众办事，所以龙夏遭到逮捕。在此，他呼吁三大寺提供帮助，争取龙夏获释。同时，对该组织的主要成员俗官门日瓦、杰卡朗巴、扎吞巴和僧官钦绕群佩等人进行了分工，分别派他们到三大寺求援。当时门日瓦还夸口说：“平常我虽然是个普通人物，但是明天我就是代表，要身着四品官服前去。”三天中他们四处奔波，上下斡旋，想尽办法，但是龙夏仍未获释。这时他们才感到，这件事与改良制度有关，问题不小。改良只得到下层官员的支持，未能获得掌握实权的上层官员赞同。在这三天中次旺多吉本人也曾带着礼品、哈达到噶伦喇嘛根顿曲塔和噶伦囊琼瓦处，请求他们释放父亲。当时他们对次旺多吉的态度非常冷淡，更没有释放龙夏的任何意思。

当时有趣的拉萨街谣云：

赤门自称雄鸡，
飞到格培乌孜，①
报晓准时无误，
打鸣优美动听。
龙夏自视喇嘛，
正在念经打坐，
自称赤美衮顿，②
双目布施于人。

当时次旺多吉带着礼品、哈达去司伦朗敦·贡嘎旺久府上，向他下跪，请求他帮助释放父亲。朗敦·贡嘎旺久板着面孔，毫无表示。次旺多吉只好磕了两头就起身回家，并把经过告诉了“幸福同盟”。第四天，他们再次组织开会，决定采取新的措施。这天傍晚，恰巴·旺钦玉拉回到家中，把次旺多吉叫到另一间房里说，上午会议认为我们已经向各方求请，但是父亲仍未获释，故决定武力劫狱，救出父亲。他们认为最好兄弟俩带一些信得过、武艺高强的助手去劫狱。其他人从布达拉宫夏钦角（监狱名）前面正门进入佯攻，趁正门混乱之际，兄弟俩和部分增援人员从夏钦角后面厕所的矮墙处翻入牢狱内，把父亲救出来。恰巴·旺钦玉拉当时是布达拉宫卫队

① 格培乌孜，哲蚌寺在格培山下的山坳里。乌孜为山顶的敬称。
② 藏戏中将双目布施于人的国王名。

长，可以命令卫兵不得开枪，如果他们不听，只好硬拼了。于是，兄弟俩立即准备了枪支、弹药，并挑选两名年轻力壮的仆人。四人全副武装，打算一起出发。临行前次旺多吉告诉央宗次仁自己同大哥一起去开会。她反问道："你们是去开会吗？去开会为什么和仆人一起而且带枪？千万去不得！"她故意大声叫嚷："你千万不能去！"次旺多吉决意非去不可，说："我们有把握救出父亲。"央宗次仁劝阻道："如果相互开枪只能送死，而你父亲仍难救出。最好请求赦免。只要我们不怕花钱，总会有办法救出你父亲。"她坚决不同意，死死抓住次旺多吉不放。央宗次仁又跑到等候在大门口的旺钦玉拉面前说："这样干不仅会害了自己，也会牵连家人，你还是赶紧回家去吧。"第二天，监狱后的矮墙处修筑了工事，设了卫兵。

就在当天，"幸福同盟"主要成员江洛坚·索朗杰波、僧官贡朱·土登格丹和钦绕群佩以及俗官门日瓦、杰卡南巴、扎吞巴、嘎强丹巴次旺等都被捕。次旺多吉及其大哥也被逮捕，监禁在布达拉宫德阳夏北面的一间牢房里。由堪仲顿布·钦绕旺久、江热·旺久塔钦（警卫代本）、德卡瓦·次旺绕丹（即鲁康瓦）和孜仲丹巴绛央等四人负责审理此案。噶雪巴供称："龙夏组织叫做'吉巧贡堆'，表面美其名为'政治改良'，实际上是要剪除噶伦喇嘛根顿曲塔和噶伦赤门巴二人。其后，由龙夏等个别人夺取政权。他们内部订有这样的誓约。"于是，判处主谋龙夏挖去双眼，另有八名僧俗主犯撤职流放到边远地方落户[①]。

次旺多吉他们到布达拉宫后，就见到顿布·钦绕旺久等四位检察官已经在那里。顿布和鲁康瓦宣布，他们俩之所以被捕，是因为参加了改变西藏社会制度的阴谋活动。之后把他们分别监禁在德阳夏的牢房里。参加审理案件的检察官丹巴绛央与龙夏事件有牵连，甚至可以说是主谋之一，而摄政热振却不仅没有追究丹巴绛央的“罪责”，反而特意派他参加审讯，其用意着实令人难以揣摩，或许是次旺多吉后来所估摸的那样，以便使龙夏得到从轻发落。次旺多吉等人被捕后，起初僧官贡朱等根本不招供。但是由于秘密已经被泄露，也只好如实招供了。他们除了上厕所，整天被锁在牢房内，日夜有士兵看守。次旺多吉凭着曾经练就的功夫与体能，产生过跳窗逃生的念头。这座牢房离地面约有两层楼高，窗外是陡峭的山崖，如果从窗口跳出，肯定会滚下山去。假如有根绳子拴在窗子上便可逃走。当时，次旺多吉有个名叫堆孜日布的仆人，每天都来送吃的。次旺多吉见了堆孜日布就悄声告诉狱中情况：“四个检察官中顿布瓦和鲁康瓦审讯较严。僧官丹巴绛央尽管平常颇为健谈，富有才气，但是因为这事件与他有牵连，所以一声不吭。江热瓦是个善良的人，什么都不说。如果到他家去求情，不会没有用的。”当仆人听到自己的主人打算跳窗逃跑的想法后，他赶紧告诉次旺多吉说：“为了使

① 这八人是：江洛坚·索朗杰波、恰巴·旺钦玉拉、审判官杰卡南巴、雪仲·扎吞巴、雪仲·门热瓦、孜仲勒参巴·吉堆巴、佛经总管土登格列和夏苏·玉拉丹巴次旺。

老爷您尽快获释，怙主帕邦卡活佛亲自向噶伦赤门巴求情，请求他们释放您。同我们有福田与施主关系的色拉寺杰扎仓堪布土登伊年也已经出面与各位噶伦斡旋，会很快得到解决的，请放心。噶伦赤门巴等已经基本答应释放你们。”五天后，次旺多吉及其大哥旺钦玉拉被带到“雪”（布达拉宫下）传达室接受宣判。这个判决书是按惯例先由检察官提出意见，然后通过噶厦呈送摄政，再由摄政批示后宣布的。判决书写道：“由于龙夏企图推行红色俄罗斯制度，罪行严重。你们父子三人又率先在盟约上签名。第四个签名的虽然是嘎强丹巴次旺，但是他已经向政府坦白，证明你们的罪行是极其严重的。本应从严法办，现从轻发落，罚你们每人缴纳黄金百两，罢免官职，今后龙夏家族世代不得在政府任职。”① 宣判之后，立即摘除了显示官位的发髻，脱去官服、彩靴。一时他们被弄得披头散发，身无衣裳，无法回家，不得已返回牢房，等待家中送来衣帽，穿戴整齐后才回家。

判决书上写的“本应从严法办”是指原先写着要判剁去兄弟两人各一只手的内容。由于帕邦卡活佛向噶伦赤门巴一再请求从轻处置，赤门巴只得答应说：“看在大活佛的情面上，我将两只人手只当是供品献给您了。”原来，噶伦赤门巴等人为了使他们兄弟俩失去日后报仇的能力，打算剁去兄弟俩一人一只手。真可谓祸不单行，

① 西藏自治区政协文史资料编辑部编：《西藏文史资料选辑》（合订本2），北京：民族出版社，2007年，第588页。

次旺多吉获释回家的那一天，其父亲龙夏的双眼被挖去。一直处在担惊受怕中的央宗次仁，这时百般呵护、安慰次旺多吉，并为当初阻止次旺多吉劫狱救父之事，深感后悔。其实龙夏失去双眼之事，央宗次仁等人瞒了很久才告诉次旺多吉的。

次旺多吉的发髻被摘去，在近一年的时间都只梳了条辫子。而其大哥旺钦玉拉则嫌梳辫麻烦，同仆人一样将头发剪掉了。噶厦得知剪发之事后，把旺钦玉拉叫去训斥："你把头发剪掉，是对政府表示不满，必须如实交代。"旺钦玉拉入赘的大贵族夏扎家虽然到各噶伦府再三求情，结果只准将妻儿留在夏扎家中，本人却被流放到工布俄绒地方。这很可能是一种改判，但是当时拉萨人对此却戏称"剪发流放"。

次旺多吉的同父异母大哥旺钦玉拉本是夏扎家女儿拉云卓玛的入赘女婿，又是以恰巴庄园的名分申请官职的，虽然称其为恰巴少爷，其实与夏扎为一家。他被流放到工布数年后，与拉云卓玛离婚，而同贵族巴噶家的女儿赤列央宗成婚，后来他虽然可以重返拉萨，但是新婚后就一直留在工布巴噶当纽地方（今林芝机场附近）安家立业。旺钦玉拉与赤列央宗生有女儿央宗、儿子格桑晋美、强秋格桑和丹增晋美。20 世纪 50 年代初他参加了革命工作，曾任塔工行政公署办事处文教干事，1957 年左右到北京民族出版社工作，1961 年回林芝行政公署任文教科长，1964 年任拉萨市人民政府参事室主任等职，为市政协委员。

龙夏事件的参与者被流放到各地，而龙夏·多吉次杰不仅被挖去双眼，还被宣判终身监禁。他的罪名是企图推行红色俄罗斯制度。当时，龙夏只是主张参照英国的议会制，改良西藏的社会制度而已。其实，当时的保守势力是企图利用民众普遍慑于“红色恐怖”的心理，渲染改良西藏制度的恐怖性。龙夏当时所熟悉和推崇的是英国的议会制度，并力主有序的非暴力的实践路径。当然，龙夏有可能了解十三世达赖喇嘛关于“红色恐怖的告诫”，而根本不可能有“推行红色俄罗斯制度”的知识储备与动机。可见当时西藏地方当政者的迂腐与残忍。

次旺多吉获释后，便去拜见帕邦卡活佛，由衷答谢他的搭救之恩。活佛亲切地说：“这是我们修行者应该做的。你还很年轻，目前又没有什么事可做，要多读些书，尤其是多读些历史、传记之类的著作是很有好处的。”次旺多吉十分崇敬帕邦卡活佛，遵照他的教导，后来读了不少史书和传记。为了祈福、忏悔，次旺多吉非常虔诚地向佛像磕头十万次，供净水十万盏，塑佛像十万尊。当然，当时次旺多吉不可能想到自家也将出现三位大活佛的转世灵童，特别是将会出现普布觉活佛的转世灵童（三世普布觉活佛曾为十三世达赖喇嘛的经师）。

宦海沉浮，绝处逢生

次旺多吉因为龙夏事件不仅被罢官免职，而且被判永世不得担任公职。但是如果不能重返仕途，何以实现次旺多吉继承尧豀·拉鲁家业、解救生父的夙愿与使命呢？他们决定想尽一切办法，重返仕途。

次旺多吉年满21岁时，大商贾邦达仓公子尼玛出家，在曲桑寺闭关修行，少妻扎西央宗在家守寡。尼玛对央宗次仁说：“我已经是上了年纪的人，又出家修习佛法，但小妻却仍然住在我家。一个出家人和一个妇道人家住在一起很不合适。她还很年轻，不能再这样下去。所以，我想给她找个归宿。请您帮忙多考虑一下。”尼玛虽然没有明说，但是央宗次仁听懂了尼玛的意思，是想让次旺多吉入赘。央宗次仁马上把尼玛的话转告次旺多吉，并问他的想法。次旺多吉一听就觉得可行。他觉得今后要想得到一官半职已经很难了，与其在拉鲁主不主、仆不仆地待着，倒不如从商谋生。邦达仓是商家大户，财产丰厚，资本殷实，也能给他带来一份财产。扎西央宗既富有又没有子女，而且颇具姿色，只比他大两三岁。同她结婚后从事商业，可以往返于印度等地，有机会解救父亲，遇事也便于逃到国外。然而，央宗次仁对次旺多吉的想法大为不满。她认为，次旺多吉想离开拉鲁去做扎西央宗的丈夫，是根本不可取的。她说：“因为你是十三世达赖喇嘛派到拉鲁府的，所以我同管家以及仆人们都寄希望于你，你要设法重获官职。至于因为龙夏事件被罢官是暂时的挫折，不会永远这样。你不仅要打消离家的念头，而且要像我们主仆所希望的那样去做。现在你已经成人，我们俩暂时成亲。由于咱俩的年龄相差悬殊，今后你还可以纳妾。”央宗次仁的话里可能带有女人所特有的醋味儿。但是她那深思熟虑、明确坚定的言辞，令次旺多吉另眼相看、无言以对，只好改变原来的主意。于是他很快就与央宗次仁商定了成亲之事。当然，尼玛委托央宗次仁之事，经她特意从中撮合，扎西央宗嫁给了阿珠仓公子格桑次仁，找到了她自己的好归宿。央宗次仁真是个八面玲珑、无所不能的女人。

当时，年已 80 岁高龄的十二世达赖喇嘛大嫂吉尊玛还健在。藏历木猪年（1935）五月，次旺多吉和央宗次仁陪同“噶公”（噶伦公爵）夫人吉尊玛到堆龙热查寺朝佛。返回途中突然遭到暴雨和山洪袭击，他们一行经历了极大困难和危险。次旺多吉的手枪等实物也丢失了。

次旺多吉年近 22 岁时，尧谿·拉鲁府的管家康嘎·索朗多吉召集由管家晋美和秘书旺杰及仆人等参加的家务会。索朗多吉讲道：“我们尧谿·拉鲁府是两世达赖喇嘛的父家庄园，十三世达赖喇嘛也非常关怀本府，特派少爷次旺多吉来继承拉鲁府的产业。少爷从小就由我们侍奉。目前，他虽然被革职，但是我们主仆情分仍然十分亲密。”仆人也向央宗次仁夫人谈过此事。她也早有此意，就是一定要设法为少爷谋求官职。会上还说到了为次旺多吉谋求官职的难处及门道等。

那时候，想要做官，必须向噶厦提出申请。而噶伦赤门巴则是拉鲁家谋求官职最大的障碍！正当拉鲁府一筹莫展之际，央宗次仁的亲戚——德格台吉的小妾多央（多吉央宗的简称）来拉鲁府找央宗次仁，请教有关打官司的事。原来，德格台吉（德格土司）死后，她与德格台吉前妻之子格桑旺堆发生财产纠纷，双方已经向噶厦呈诉状，请求裁决。多央说，自从与格桑旺堆（即后来的九代本）打官司以来，她找所有噶伦打通关节，噶伦赤门巴暗示要她做他的小妾。可他已经是六十多岁的老人了，倘若不答应，官司肯定会输。所以她特来请教，请见多识广的央宗次仁出主意。央宗次仁一听就觉得这是个好机会，便对她说："你如果不满足赤门巴的愿望，你的官司是无法打赢的。要想打赢这场官司，你要把握住这次机会，满足赤门巴的欲望。下次你再去找他要打扮得漂亮些，至于费用方面，你尽管告诉我，我会帮助你的。"多央本是有姿色、会打扮，又善于卖俏的少妇。果不其然，噶伦赤门巴完全被她迷住。从此，央宗次仁不仅为多央提供各样首饰、各种费用，而且还从拉鲁府派了三名仆人去侍候她。同时告诉多央："要尽情满足赤门巴的一切要求。如果遇到什么情况，我可以帮你出主意。"几天之后，噶伦赤门巴和多央就成为如胶似漆的一对，赤门巴对多央百依百顺。当然，央宗次仁和多央的关系也就更加密切了。因见多央经常去拉鲁府玩，噶伦赤门巴便对多央说："可以和拉鲁家来往，也可以请他们来做客。"回过头，多央就对央宗次仁说："接下来的某一天，我把赤门巴请到您府上做客如何?"央宗次仁却回答："不要请噶伦老爷来，你不能常来也没有关系。但是我有一事请你帮助，就是为少爷求个官职。这一来是所有仆人的愿望；二来他现在已经成为我的丈夫，我不得不为他谋求官职。"多央不大明白政治上的事情，便立即答应帮忙。

多央经常涂脂抹粉，打扮得花枝招展地到噶伦赤门巴那里，像少女般地同他嬉戏玩耍。一天她趁赤门巴十分欢快之际，对赤门巴讲了次旺多吉谋求官职的事。赤门巴说："只要不是求官职的事，其他方面都可以帮拉鲁。（地方）政府有明确规定，龙夏家族的后代今后一律不准担任政府官职。"多央将赤门巴的话转告央宗次仁之后，央宗次仁再次嘱咐她说："对我们来说，这件事非办成不可，拉鲁家能谋求官职的也只有少爷一个人，所以，恳求你在噶伦老爷前多说些好话。"

面对央宗次仁的恳求，多央执意要求噶伦老爷帮忙。缠得赤门巴没有办法，只好说："拉鲁府没有一个有官职之人确实不行，但是龙夏的后代政府明令不准做官，只好另想办法。如果能证明他不是龙夏的后代而另有生父的文书和请求官职的报告一并呈上的话，或许可以求得官职。"多央把赤门巴的话转告拉鲁府之后，央宗次仁及拉鲁府中人商议，要证明次旺多吉另有生父，必须先找一个贵族世家，但即使找到合适的人，也难以掩盖真相。因为次旺多吉是龙夏从英国回来途中在大吉岭出生的，这早已人尽皆知。央宗次仁就把这一情况转告多央，并请她另想办法。多央只好一次次地央告赤门巴。最后赤门巴说："就以假父的名义为其请求官职，我以噶伦的身份建议政府恩准。"多央担心其他的几位噶伦会怎么说，赤门巴却满有把握地认为："这不会有什么问题，谁也不会注意他是在哪儿生的。即便有人提及他是在大吉岭生的，父亲是龙夏，我也有话回答他们——'到底谁是他的亲生父亲？只有他的母亲才知道。'这事让噶厦去问他母亲吧。所以，应该先让他母亲承认这位假父就是他的生父。我就会用'知其子之生父者乃其母也，知其子之生母者乃众人也'这句谚语来堵塞众人之口，使他们不服也得服。如果不采取点欺骗手段而径直请求官职将会带来诸多问题。绝不能因为拉鲁一个人的官职问题而累及其他事情。”多央向拉鲁府转告了赤门巴的主意后，拉鲁府央宗次仁等人便商议，到底找谁来充当次旺多吉生父合适，毕竟不能找一个毫无关联的人。

于是，他们就想到了协嘎林巴。协嘎林巴不仅是龙夏的亲戚，而且平日里也常到龙夏府来，大家一致同意请他充当次旺多吉的生父。拉鲁府将这个愿望告诉协嘎林巴后，他答应了拉鲁府的请求。接着拉鲁府的两位管家、央宗次仁和次旺多吉共同商议起草呈送噶厦的求职报告。

当然，在次旺多吉求职报告呈送之前，务必亲自向母亲禀明事情的来龙去脉。于是，次旺多吉到布达拉宫下面的德吉夏，向母亲丹增卓嘎禀告重新谋求官职、改报生父的打算。母亲能理解儿子的良苦用心：“尽管这类事情极为复杂，要是非颠倒才行，为了孩儿你的事，只要对你前途有益，让我做什么我都不后悔。哪怕是需要说假话，也只好违心地去说。”次旺多吉从母亲那儿回到拉鲁府后把母亲的允诺告诉了央宗次仁和两位管家。然后，安排大管家康嘎·索朗多吉和秘书旺杰两人前去噶厦呈递求职报告。他们还详详细细地向噶厦陈述了这次求职是拉鲁府主仆的共同愿望，次旺多吉被十三世达赖喇嘛派往拉鲁府的过程及龙夏非其生父等情况。不久，噶厦把次旺多吉的母亲召去，当面念求职报告的全文让她听，并问她情况是否属实，丹增卓嘎当场回答：“情况均属实，孩子生父并非龙夏而是协嘎林巴。”于是，噶厦便同意次旺多吉的求职申请，并将拟封其为世袭从四品官色南巴的报告呈送摄政热振活佛。

第四章

重返官场　初露锋芒

藏历火鸡年（1936），噶厦同意次旺多吉再次申请公职的报告，呈请摄政热振活佛恩准后，按照惯例于二月初由摄政知宾传令授封。这一年的二月次旺多吉正好满 23 岁。一天，次旺多吉接到去雪噶（摄政的传令机构）受封的通知。到了雪噶，首席知宾阿巴传令道："你因受龙夏事件牵连暂被革职，现根据拉鲁府主仆等人的请求，念你是十三世达赖喇嘛特派给拉鲁府的继承人，在拉鲁府里也只有你一人能求得官职。现经查明龙夏不是你的生父，所以现再次封你色南巴（从四品）官位，并享有世袭特权。你可根据令旨选择吉日，再次感恩。"[①] 次旺多吉重返官场，全靠噶伦赤门巴出的精妙主意和强力推动。这还是应验了"没有永远的敌人，也没有永远的朋友，只有永远的利益"这句老话。

① 西藏自治区政协文史资料编辑部编：《西藏文史资料选辑》（合订本 2），北京：民族出版社，2007 年，第 591-592 页。

砥砺前行

次旺多吉重新任职后，产生了前所未有的信心。以往在官场任职时，次旺多吉只是应付差事，贪图安逸。现在龙夏家族处境艰难，自己又刚刚得以复职，如果不努力工作，成为出色的公职人员，不仅不能解救狱中的父亲和处于水深火热之中的亲属，自己的一生也难以度过。他认识到眼前肩负两副重担：一是要做好政府工作；二是要设法救父亲出狱，还要为兄弟们寻找出头的机会。他认为自己只能自强不息，绝不能像一般贵族那样饱食终日，无所事事，虚度年华。

在政府部门任职必须精通筹算，以前他学得还不够精，且远远不够用。于是，次旺多吉拜扎西白绕为师，专门学了三个月的筹算，平常也加强文化学习。扎西白绕在政府机构长期担任文书和统计工作，在这方面很精通。在他的教导下，次旺多吉不仅在筹算方面有了极大的长进，而且在政务活动方面也深受启迪。扎西白绕常教诲道："你现在虽然熟练掌握筹算法，但是绝不能以阔少爷和世袭四品官自居。否则，你就会像钻入云中，上不沾天，下不着地。也不要一心只想升官，要逐步提高适应和胜任工作的能力，依次晋迁。首先要胜任噶准的工作，每天按时到位、勤奋工作，同时用心学习同事和各位噶伦的办事方法，每月作一次自我检查和总结，看是否有进步。倘若你不谦虚地学习、谨慎地工作，不要说在政府为官，恐怕连一家之长也难当好。因为你家的仆人中许多人很有知识，他们虽然会尊重你，但是如若你没有当家理财的能力，让你审核你家的经济收支账目时，不管他们立什么账也只好都认可。同时要学会处理人际关系，绝不能对人傲慢，摆架子。”这些教诲让次旺多吉刻骨铭心，永远不能忘怀。尽管次旺多吉以前学过藏文文法（语法），但是这次又拜门孜康（医药历算局）拉达·吾坚丹增为师，重新系统地学习藏文文法。在此期间次旺多吉主要是学习，没有去政府做具体工作。

桑耶寺维修工程竣工的那一年，摄政热振活佛前往桑耶寺去主持主殿封顶仪式。当时众多随从人员中安排有拉鲁·次旺多吉。[①] 从拉萨出发时，随从人员列队向摄政致敬，仪式完毕后就启程。翻越郭喀拉山便到了桑耶寺。当时，正值桑耶寺的经藏大供养活动，按藏、汉和印三种建筑形制修复的桑耶寺主殿封顶仪式十分隆重。众官员观看为经藏大供养举行的跳神以及各种歌舞。此外，还朝拜了青浦寺和海布日山等圣地。在桑耶寺共活动 15 天。

桑耶寺主殿封顶仪式结束之后，摄政一行返回拉萨。途经泽当时，前往阿确僧院和苯苍寺敬香。苯苍寺内供有婆罗门佛职第七世法体的银质灵塔，只有在达赖喇嘛或摄政驾临时才开放。这年摄政热振活佛的亲临不仅开放允人朝拜，而且为前来朝拜的所有随从每人都赐予一枚指甲盖大小的佛舍利。尔后，摄政主仆一行还先后朝

① 摄政热振活佛的随行人员有：噶伦彭雪、一名秘书长、数名僧官，四品俗官中有次旺多吉和车仁少爷松赞旺布、彭雪少爷次旦旺杰、帕拉少爷多吉旺久、江索少爷顿堆多吉、谢玲少爷索南多吉，以及俗官奴马·明久多吉和加扎巴等。

拜了雅隆三佛塔、三圣地、三圣洞，[①] 以及琼结若喀顿巴参勒佛、坚叶仁青达瓦寺等。另外，还朝拜了扎塘寺和敏珠林寺。在整个旅程中，次旺多吉一直服侍在摄政左右。

就在这一年，噶伦赤门巴忧心忡忡，精神恍惚。有时只穿着白布衣裙外出，有时甚至只穿白布裙，赤着上身径直闯入摄政热振活佛驻锡之处。热振活佛对此很不满意。后来，赤门巴病情略有好转，但是老认为自己是个资深老噶伦，与其他噶伦相比，应该拥有更大的权力和更高职位，如“摄政助理”等。他的这一想法不仅向多央透露过，竟然还向摄政提出，自己年事已高，要求辞去噶伦职务。他本想试探，看摄政能否挽留、晋升。殊不知，摄政竟然同意他辞去噶伦的请求。他不得不按程序递交辞职报告。经噶厦研究，认为赤门·罗布旺杰长期从政有功，对其政绩加以赞美之后，决定将位于日喀则地区的奴林庄园赏赐给他，同意他辞去噶伦和一切公职。噶厦转呈摄政后很快得到批准。官场恃才傲物而自食其果的自古不乏其人。

噶准任上游刃有余

噶伦赤门巴卸职后，拉鲁府主仆和次旺多吉本人都认为应该趁此有利时机，在噶厦谋求较高的实职官位。为了取得噶准之职（全称噶厦准捏，即传令官），次旺多吉拜访了诸噶伦。噶伦彭雪和詹

① 雅隆三佛塔即达钦奔姆且、茨玖奔巴、公堂奔姆且。雅隆三圣地即昌珠寺、雍布拉康寺、杰萨寺。雅隆三圣洞即协扎圣洞、热琼圣洞、贝诺圣洞，另外还有一些说法。

1938 年 25 岁的噶准次旺多吉

东巴认为，噶厦的噶准，是世家子弟在政府部门接受锻炼的最好场所。次旺多吉谋求这一职务最合适。噶伦囊琼瓦和羌晋巴两人也表示愿意帮忙。约一个月后，便传闻噶厦拟定次旺多吉为噶准第一人选的报告已经呈送摄政热振活佛了。听说热振活佛的姐姐也向摄政热振为次旺多吉求情。藏历五月的一天，次旺多吉接到雪噶通知，让其前去接受任命。首席知宾阿巴传达摄政热振活佛的命令：现任命你为噶厦噶准之职，望尽职尽责……

藏历火牛年（1937），次旺多吉 24 岁时被任命为噶准。自此，每日照例到噶厦办理公务。当时，噶厦的几位噶准和噶仲（噶厦秘书）中只有次旺多吉是色南巴，其余都是从普通官员擢升上来的。所以，次旺多吉的座次位于众噶准、噶仲之首，设在噶伦的正前方，与噶伦的座位很近，几位噶伦的言语都听得十分清楚。由此，给次旺多吉带来很大便利和机遇，受益匪浅。

噶准的主要日常工作是：登记噶伦出勤、告假等情况；记录自己知道的要事；登记、汇报前来报到或辞行的各宗、豁官员以及前来拜谒的新任官员；向噶伦转呈贵族家庭、寺庙以及庶民百姓就土地、房产纠纷等问题提出的诉讼及要求赏赐粮款等的报告；驿站沿线等各地呈递的诉状等。不论公事私事都由三名噶准和两名噶仲转呈噶伦，诉状则可以通过其中任何一人转呈。凡噶厦拟订的处理案子及其他文件，均由噶准眷录后送几位噶伦审定，再由噶准将其交付摄政传达室。诸噶伦就一些重大事情需要向摄政汇报请示时，噶准得事先去摄政传达室，经南卓（摄政首席知宾）、司膳官员或司寝官员请示摄政，等回复下来后立刻向噶厦报告，诸噶伦方可赴摄政府。

次旺多吉任噶准之初，前来陈述或上状纸找次旺多吉的人寥寥无几。后来，因见次旺多吉及时上报下达有关事宜，尽职尽责，不接受贿赂，所以找他的人逐渐多了起来，每天不少于 10 人，多则 20 人左右。次旺多吉上禀求决事宜，下达回复结果，记忆超人，条理清晰，一丝不苟。例如，他将上访求决人所献哈达，一条一条地搭在手臂上，每天拿一二十条哈达，逐一向噶厦禀明求决事项，待噶厦研究定夺后，把哈达一条一条地退给当事人的同时，当场一一回复噶厦研究的结果。

调派各宗谿官员的拜谒仪式以及奉命报到、辞行、受命等，五品以上官员可直接拜见噶伦，普通官员以下人员则须经噶准转达。传达室发布重要指令时，噶准居首站立，四名侍卫站立两旁，接受指令者摘帽恭候当面。按照惯例噶准喊“现宣布噶伦指令”。指令宣布完毕，将哈达还给接受指令的人，挂其项颈。

起初，次旺多吉并不熟悉噶厦的文书工作，经过一段时间的实践才逐步熟悉和掌握了呈文、批复、令文及其他公文的起草程序和文件格式。遇到不懂或者有疑难之处，次旺多吉一般请教噶伦彭雪。他任噶仲和噶伦的时间长，非常熟悉政府工作，他待次旺多吉如同师傅待徒弟。由于次旺多吉的勤奋努力和他人帮教，加之年纪轻、记性好、脑子灵，任噶准没几年就已经颇有名气。

迎来十三世达赖喇嘛的转世

寻访十三世达赖喇嘛的转世灵童，是次旺多吉担任噶准期间西藏最重要的事情。摄政热振前往曲科杰圣母湖观湖返回后，派格巫仓活佛、凯墨少爷索安旺堆、那曲首领钦绕丹增及办事员孜仲·洛桑才旺等人到青海一带寻访。格巫仓活佛为十三世达赖喇嘛的经典侍讲（mtshan zhabs），也称侍读僧。

不久，噶厦接连收到了青海方面发来的灵童寻访情况的电函，并向摄政热振活佛报告寻访转世灵童的情况。按照热振活佛旨意，召开会议进行了研究。次旺多吉作为代表也参加了那次大会。会议决定将灵童迎请到西藏之前，为防止青海马步芳等人的阻挠，对外称其为候选灵童，不宣布正式身份。大会决议还加盖了三大寺和僧俗官员的四大印章，以示庄重。

经国民政府批准，转世灵童一行于1939年离开西宁取道北路向西藏进发，每到一地都有快马信使向噶厦传递报告。按照惯例沿途要举行三场迎接仪式，最隆重的第一站决定在当雄乌玛扎西塘举行，噶厦指定由噶伦彭雪·才丹多吉主持。在往年，一年一度的“噶厦游乐活动”一般在藏历八月份举行，但是那年在七月份提前举行。游乐活动一结束，噶伦彭雪、噶仲敏吉巴以及部分僧俗官员便立刻赴当雄乌玛扎西塘，举行第一道迎接仪式。之后，噶伦和大部分僧俗官员云集日甲桑丹林寺，举行了第二道迎接仪式，转世灵童在此停歇数日。司膳、司寝、司祭官员及其他侍从也随同下榻于此寺。第三站迎接仪式在岗堆兑古唐举行。在大坝中央搭建黄色大帐幕，周围是噶伦的大帐篷。扎萨克、台吉及四品以上官员的帐篷为第二圈，外圈是一般随从等人员的帐篷。一时间如同天上的繁星落地，大坝上布满了帐篷。隆重举行第三道迎接仪式之后，停歇了两天。临行又举行了庆典仪式。

迎请队伍离开岗堆兑古唐，藏历八月二十四日以最盛大庄重的仪式进入拉萨。拉堆巴高擎曼荼罗（坛城）在前面引导，然后是旌旗队和众僧官，四大噶伦簇拥着转世灵童乘坐的大轿策马前进，摄政和众俗官紧随其后，腰鼓队、虎狮鹏龙舞队、七政宝舞队以及身着盛装的拉萨僧俗民众，欣喜若狂、热情洋溢地夹道欢迎，整个拉萨欢天喜地、香烟缭绕。当转世灵童一行进入罗布林卡时，鼓乐队击鼓以示迎请，众僧俗官员按职位高低依次敬献哈达。

藏历铁龙年（1940）十月十三日举行了十四世达赖喇嘛的坐床大典。为庆祝达赖喇嘛坐床，国民政府代表吴忠信前一年到达拉萨。坐床大典结束后，噶厦译员马候堂（回族，藏名次仁旺堆）来拉鲁府对次旺多吉说："吴忠信想要见你。"次日，次旺多吉跟随马候堂来到吴忠信的住所色新。见面寒暄过后吴忠信问："民间对国民政府驻拉萨办事处开办的汉文学校和医院的看法如何？"次旺多吉答道："开办医院、学校当然好，但是人们的看法不可能相同。正像西藏谚语所言'兔子毛有三种视觉'。"吴又问："何谓兔子毛有三种视觉？"他回答道："山兔颜色有些人认为是白的，有些人认为是青的，也有些人认为是灰色的。"过了一会儿，又问："你去过印度和内地没有？"答没有去过。吴忠信最后说："你年纪尚小，视野不能局限在袖内，应该到内地看一看。"当时，吴忠信赠送一副望远镜给次旺多吉。

火牛年（1937），锡金总管照会噶厦，请求允准德国人谢斯费尔医生以及摄影师等 5 人到西藏参观。获准后，他们相继朝拜了桑耶寺、昌珠寺、雍布拉康。到达拉萨后，噶厦把他们安置在柴德林卡，特地委派次旺多吉去为他们送米、面、肉、油等食品。就在这一年的祈愿大法会期间，他们参观了拉萨城区。在拉萨祈愿大法会后期的驱鬼仪式以及娱乐活动中，他们前往鲁固的人群中摄影，围观群众成千上万，由于他们的外貌和行为与众不同，众人看不惯，便大声吼叫，有的还扔石头，使谢斯费尔的头部受了轻伤，摄影师的摄影机也丢失了。因为躲避快，他们未受更大伤害。

事后小雪尼（布达拉宫下雪列空的副主事人）向噶厦报告事件经过：僧人和群众数人殴打德国人，使德国人受了伤，僧人抢另一个德国人肩上的相机，当时作为向导的小雪尼极力阻挡，经过争夺，终因寡不敌众，他被摔倒后，僧人们抢走了相机。小雪尼在汇报时，人们看见他也受了轻伤。噶厦指示要好好医治、安抚受伤的德国人，此次事件经查实后要加以处理。次旺多吉向小雪尼传达了噶厦的指示。

当时，噶厦委派次旺多吉慰问德国人，向他们解释事端乃少数不明事理的小人所为，希望他们谅解。德国人说："驱鬼仪式上挨了坏人投掷的石头，受了伤，目前正在治疗。政府派人看望我们，我们表示感谢。事件中向导尽最大努力保护我们，阻止坏人，遇到了很大的困难，请求政府予以优抚，我们不碍大事了。"不久德国人痊愈，经印度回国。噶厦提升小雪尼为仲多（地位相当于一般俗官）。次旺多吉参与处理涉外事件得当，结果皆大欢喜。

拯救生父

次旺多吉任噶准期间，为通达噶厦事务，奋发工作。加之，他与几位噶伦想法基本一致，关系较为融洽，众噶伦也越来越看好次旺多吉。于是他就借机向僧官噶伦丹巴绛央、囊琼瓦、彭雪、詹东提出，其父亲被判处无期徒刑，时下父亲年事已高，且双目失明，长期的地牢生活，加之病魔缠身，身体虚弱，故恳请准许回家调养。但是几位噶伦只是说，你提出的要求我们可以考虑，但不可操之过急。可见大有继续搁置或者拖延之虞。

噶伦囊琼瓦性情温和，谦虚恭谨，次旺多吉再三请求他帮助，并说明这是自己最大的愿望。他诚恳地回答说：“你平时在噶厦工作尽职尽责，我理应帮助你。但是释放你父亲，必然会引起连锁反应，引发出与其相连的许多问题，所以，只有耐心等待。”“我父亲身体虚弱，双眼失明，且长期深陷囹圄，随时有不测之虞！”噶伦囊琼瓦听了次旺多吉的恳求，沉思片刻后说：“你还得好好苦求其他几位噶伦，我一定尽力帮助你。”后来，次旺多吉又趁各种间隙向诸噶伦提起此事，请求尽快解决。大约过了一年，一天次旺多吉接到噶厦指令：“关于申请释放令尊之事，由于龙夏早已被判处无期徒刑，因而眼下难以立刻赦免释放。现正囚禁牢中，牢中寒冷，定会影响身体。为此可暂时安置在牢房的顶屋，以示减轻刑罚。”然而，牢狱中的龙夏·多吉次杰却说：“为了我获释，你们费了不少工夫，而我得到的只是从下面搬到上面，仅此而已。今后不要再费心机，我又毫无视觉，上面和下面完全一样，现在的住处也无妨。”后来次旺多吉又多次祈求僧官噶伦丹巴加央和噶伦彭雪等人，他们只是口头上说“可以考虑”，实际并没有解决。

为父亲的获释和自己的前途，次旺多吉每日坚持到噶厦上班工作，尽可能不请假缺勤。若一日缺勤，则不知当日情况。所以，有时甚至感冒了他也坚持上班办公。四位噶伦不时有人缺勤，第二天，他主动汇报头天的事情。当别的噶伦遇到一时想不起来或不明了的问题时，他都能站起来恭敬谨慎而有条不紊地回禀。加上平时尽职尽责，努力完成噶准的本职工作，几位噶伦都很欣赏他。

大约又过了一年，几位噶伦终于同意“赦免释放”龙夏·多吉次杰。但是依照规矩，噶厦的意见必须经过摄政批准。噶厦让噶仲玛朗巴草拟噶厦意见上报摄政。主要内容为：“第一条，龙夏被关押牢中多年，现应宽大释放；第二条，宽大释放如若不妥，应转移到较为宽舒的牢房。以上两条，以何为上，请指示。”

次旺多吉未经传达径直进入摄政府邸，面禀曲直衷肠。摄政坦言：“龙夏事件从一开始我就知其原委。事件发生后，审阅噶厦报告时司伦朗敦·贡嘎旺久和赤门巴为首的几位噶伦以及南卓（为摄政接待宾客的首席知宾）平绕巴等人串通一气，一再强调必须逮捕龙夏。当时我初任摄政，缺乏经验，孤单一人，不得已同意了逮捕意见。本想向龙夏透个消息，告知此事，因被他们围住，不要说向他透露消息，连个口信都无法捎出。后来审阅判决意见稿时，看到挖眼条目，我当即说明我乃活佛，不同意伤及众生肢体的行为。本想以此理由推翻原意见，但是朗敦说‘摄政是活佛，当然不可行，所以可以由我签批。’至此，我已经毫无办法。现在既然有赦免释放的报告，有无修改、补充的，你尽管提，我可以满足你的要求。只可惜龙夏双目失明，不然，还可恢复名位。”至此，次旺多吉便大胆地向摄政提出修改噶厦拟判意见的请求：要求删去第二条“宽大释放如若不妥，应转移到较为宽舒的牢房”的意见，增加“释放后根据本人的意愿，可以安顿于拉鲁或龙夏家，精心照料服侍”的内容，并将修改后的抄录件呈上热振活佛，摄政照此修改了噶厦呈文并加了批注。

雪列空（总管布达拉宫财物及拉萨郊区司法治安）下达关于噶厦释放龙夏的通知后，次旺多吉立刻派人去送好衣服、墨镜和配有上好马鞍的坐骑，并亲自去迎接父亲。这时的龙夏自家住宅德吉厦因长久无人照管，已经无法住人。次旺多吉和央宗次仁二话不说，就把龙夏接进拉鲁府，由他们亲自安排和照料。那是藏历五月（1935 年）间，次旺多吉的母亲丹增卓嘎这位善良而不幸的妇女，则因“反叛者眷属”及抄家后的生存压力，而与尧豀・宇妥瓦（十世达赖喇嘛家族）姘居。当她等到曾判无期徒刑、双目失明的丈夫出狱回来时，无言以对、无地自容。于是丹增卓嘎毅然决然出家为尼，将自己所照料的两个小儿子托付给大儿子次旺多吉和央宗次仁照应。

次旺多吉把父亲接回来后，亲属们也都前来拉鲁府探望。次旺多吉说，他父亲龙夏在狱中因无所事事，念六字真言过了一亿遍，口内还长了一颗“亿牙”（传言念诵六字真言过亿遍后长出新牙，视为吉祥）。出狱后的龙夏显得安稳寡欲，无怨无悔，毫无记恨复仇之神态。龙夏・多吉次杰在拉鲁家住了一段时间后，考虑到家庭生计和对子女的教育，便执意搬到布达拉宫下面的龙夏家宅。龙夏胸襟开阔，志向远大，在家期间十分注意对家中子女为人处事的指导。

平时，还常有人就某些问题前来求教，次旺多吉也常向父亲求教，因此，影响了他念诵佛经的习惯。不久龙夏病重，央宗次仁和次旺多吉又将之接回拉鲁府，请来拉萨最好的医生竭力救治。但是最后他头朝北，面朝西，手臂垫在头底下，一代英才就这样悄然长眠，享年59岁。

关于龙夏被挖眼下狱的情景，龙夏有诗云：

幸福普悦伟业才开创，
中途被黑云狂浪吞没。
那时被上百屠夫所围，
辱骂声中眼珠竟落地！
水灵双眼任他去剜吧，
智慧灵性却怎能夺走！
瞎眼本是永恒之黑暗，
关进黑暗牢笼真怪哉！
积累财富任他剥夺吧，
七圣珍宝却怎能夺走！[①]
人说牢狱全暗无天日，
我仍处明亮意念阔海！
懈怠三处之臣民龙夏，

① 七圣珍宝：信、戒、闻、舍、惭、愧、慧。

谓多吉次杰者致叩首!

谋求扎萨克成泡影

次旺多吉在担任噶准期间，工作可谓得心应手，上下关系融洽，逐步赢得好口碑，为谋求职位晋升奠定了一定的基础。当时，父亲对他说："你工作奋发努力，还千方百计使我免受铁窗之苦，我非常高兴。你的目标肯定是想干一番大事业，为后世留英名。但是，以我的经验而论，不要有干大事的思想，倘若干大事，就会到处树敌，最后必然导致家庭和亲戚的不幸，你的晚年也肯定又会遇到困难。拉鲁家是大家族，又是两辈达赖喇嘛的尧谿，达赖喇嘛侄子曾享有辅国公爵位，非嫡系的也有申请扎萨克职位的惯例。因此你申请扎萨克职位就好。扎萨克职位高，而工作又较轻松，后半生可以过得舒坦些。我可以对拉鲁府随员们提提这事。"这是龙夏对自己所遇磨难的消极总结，还是积极感悟的体会，我们权且不论。他倒是不希望儿子重走自己走过的路，期盼儿子一生舒坦、一路平安，体现出过来人的人性关怀和慈父之心。但是，次旺多吉当时的想法、所处的环境同父亲的期盼却相距甚远。次旺多吉原本打算救出父亲，解决龙夏后代重返官场问题后，凭自己现有的工作业绩、人缘与家族基础等有利条件，一定能够做出一番大事业。现父亲教导不要参与大事，他的思想一时转不过弯来，但还是表示一定遵从父亲教导。然而事后结局证明，当时龙夏的愿望是何等的不合时宜。

龙夏·多吉次杰同央宗次仁及拉鲁府随员们充分商议后，向噶

拉鲁老公爵夫人央宗次仁（中左二）、龙夏·多吉次杰夫妇（中右二和右一）、少年时的拉鲁·次旺多吉（龙夏身后）。

厦具文禀告称："拉鲁府系两辈达赖喇嘛的尧豁，往昔曾先后承蒙封赐辅国公爵位。后来因为达赖喇嘛侄子世系绝嗣，按照扎萨克晋升旧例，现拉鲁公子文书、筹算亦经考试，武艺得到训练，且当过近卫代理茹本，历练后又担任噶准职务，各方面均受到一定的历练，现祈请授予扎萨克职位。"

全体噶伦按照呈文一致同意拟定批复："拉鲁公子凭依拉鲁家庭，可授予扎萨克职位。尤其他在担任噶准期间，办事皆奋发努力，成绩昭著，现无须荣立奇功，即可任命为扎萨克。"并呈报摄政热振。

次旺多吉即刻去拜谒摄政，敬献三所依曼扎。同时，祈求给予协助促成。摄政认为："你在噶厦工作，大家反映不错。如果继续在噶厦工作，无论对公对私都有好处。当扎萨克，无所事事，松松垮垮，有何好处？"次旺多吉郑重禀明这是家人希望，请求扎萨克职位，迫于无奈，敬请鼎力促成。

后来，为了尽快催促这事，次旺多吉又经摄政热振的膳食官加央金巴，敬献了三所依曼扎和其他一些礼品等。复示曰："扎萨克职位的请求可予办理。"尽管如此，约一个星期后，摄政膳食官带着信，让次旺多吉去他的住处对他说："申请扎萨克职位，摄政活佛已经同意，但是批示即将发送噶厦之际，喀尔多喇嘛来到摄政处。在他们两人的闲谈中，摄政在述及您申请扎萨克职位已获批准时，喀尔多喇嘛勃然不悦，说'拉鲁现在很年轻，授予扎萨克职位不妥。'当摄政说到这事已基本决定时，喀尔多喇嘛更加生气，大声说'我为拉章（热振拉章）忠心耿耿，如果认为我说的不对，从现在起我绝不进拉章的门，再也不来！"

喀尔多喇嘛格桑土登年扎为热振活佛的主要谋士，私下被人们称为"狗头军师"。摄政思考片刻后，随即删除了起草过的文书，说："授予扎萨克职位时机尚未成熟，需要重新拟定。"喀尔多喇嘛节外生枝，次旺多吉只好另作打算。一天，次旺多吉见到森沛代本，向他谈起自己申请扎萨克职位之事，森沛说，可以再次转告请求。

森沛代本和帕谿济仲是挚友，而帕谿济仲是摄政热振的红人，极受倚重。森沛来到摄政热振身边，再三请求，但摄政还是说：

“因此事喀尔多喇嘛极为生气，而且现在也已经修改了文稿，没有办法，以后可以从长计议。”

约过一个月，森沛代本专门来找次旺多吉说：“摄政活佛谈到近来收到噶厦要在朗细列空（检验运输路照机关）任命一名四品官员的议案，说拉鲁不能及时得到扎萨克职位，若愿穿黄袍，可先擢升为四品官，去朗细列空任职。”次旺多吉觉得四品官只是穿个黄袍，并无其他好处，现职噶准关系重大，便坚决地对森沛代本说：“对于授予我四品官衔，深表感谢。但我对噶准工作较熟悉，可继续做现在的工作，暂时不申请四品官衔。今后若有机会申请扎萨克职位，还请予大力协助。”

次旺多吉谢绝了摄政的好意，但是鉴于热振活佛对拉鲁府各方面的无比关心和巨大帮助，于藏历土兔年（1939），把拉鲁府所属尼木门卡宗作为酬谢，转赠给热振拉章。

迎娶吞巴·索南德吉

次旺多吉26岁那年，拉鲁府主仆随员们考虑拉鲁府的嗣续事宜。他们认为现在拉鲁家族势单力薄，现夫人央宗次仁又无生育的可能，将来若无后嗣不行。倘若现在迎娶一位年轻姑娘就好了。央宗次仁率先表明自己的想法，说：“起初我只是为了家庭，同少爷结合在一起。实际上我们俩年龄悬殊，很难白头偕老。因此当初就有口头约定，以后可以再娶一个。现在时机已经来到，我同意迎娶正夫人。”央宗次仁又主动提出：“迎娶吞巴·索南德吉怎么样？”吞

1954 年拉鲁·次旺多吉与夫人吞巴·索南德吉在北京合影

巴家族也称拉章宁巴，是西藏一个古老的豪门望族（系藏文创制者吞米·桑布札的后裔），为著名的四大德本之一。更重要的是索南德吉是当时拉萨贵族小姐中有名的淑女，体态、容貌各方面俱佳，脾气也格外温顺而又明事理。次旺多吉也念及索南德吉是央宗次仁的外甥女，是件好事，便欣然表示同意。打卦问卜和活佛、高僧皆称此乃善结良缘。于是，第二年就迎娶索南德吉为妻。央宗次仁这位传奇女性，成为次旺多吉艰难而合理、合法地为尧谿·拉鲁接续香火的极其重要的角色和关键环节。否则次旺多吉和索南德吉成为拉鲁府主人，便无从谈起。

按照习俗，结婚需要证婚人，拉鲁一方由彭雪巴担任，吞巴一方由琼绕台吉担任，双方订立婚约，迎娶新娘的一切准备工作就绪。在迎娶新娘当天，拉鲁府派出了迎亲乘骑 12 匹，吞巴派出了送亲乘骑 12 匹，而且还有牵马人和送新娘的人。吞巴至拉鲁府住宅之间，备有极为丰盛的头道和二道青稞酒等饮品。央宗次仁在拉鲁府手持斟满牛奶、以酥油粘口的长足碗，待索南德吉一到便向她献新。然后索南德吉来到正厅就座，至爱亲朋、随从人员等全都为她献上吉祥哈达，齐唱喜庆之歌。结婚典礼极为隆重、热烈，一直持续好几天。16 岁的姑娘吞巴 · 索南德吉就成为拉鲁 · 次旺多吉的夫人，即拉鲁夫人。夫妇年龄相差 11 岁。

第五章

庄园的经营管理　粮赋风波

庄园及其管理

西藏贵族社会的主要基础是庄园。拉鲁府有一整套经营和管理庄园的制度、办法。拉鲁府所属各庄园即谿卡中，最大的是雅德和沃玉奴玛两个谿卡。这两个谿卡的经营管理具有代表性。按照惯例，这两个谿卡及所属各小谿卡每年的收入，由各谿堆（庄园主）在各地征收，年底由拉萨派出被称作嘎久巴（进库员）的管理人员从各谿堆那里接收粮食。此外，各小谿卡也有各谿堆的自营地，每年据此收取租子。所有谿卡的农业生产经营活动，全由属下的百姓承担。各谿卡所收粮食在各地入库。由于每年传召和大赛马，各谿堆都要到拉萨集中。传召赛马活动结束后，依照惯例在管家房结算每年的收入。结算一结束，秘书出具收条，管家在收条上盖章，还要由拉鲁府主人和当事人过目。然后，当事人按例在收条数字上盖印章。

雅德谿卡一年中有所谓“迎春迎冬”的两次活动，所属百姓需先后两次派出驮畜往拉萨运送粮食和糌粑。各谿卡的粮食、糌粑、肉食、酥油等运抵拉萨后，由管家接收，用于家庭一应需要及佛事活动等一切开支。另外，对钱币、氆氇等各种物资，则有由管家房收存、开支的惯例。管家房不仅负责经济收支，而且负责执法等。府内大小事务都由管家房负责。管家房配有正副管家、两名司钥员和清洁员等。

拉鲁府所属尼木门卡宗，是八世达赖喇嘛时期所封采邑。门卡宗在经济上尽管无甚大利，但是在政治上却具有极为重要的地位。由于当时雅德谿卡为门卡宗所属，既对尼木地区差赋等方面有很大益处，又对宗堆（指宗本即县令或知县）个人也有较大益处。大约1939年，尼木门卡尔宗的自营地内部捐赠给了热振拉章。

据不完全统计，尧谿·拉鲁有游牧部落七八部，每部约有牦牛百余头。每年征收承租酥油分为奶牛、半奶牛、无奶牛三种，并依据实有奶牛分为上、中、下三等，收取牲畜税和酥油。管家每年专程前往各地征收酥油和绒毛等牲畜税，同时统计牲畜死亡数。乳制品加工牧民要出示盖有角印的死亡牲畜的角，管家要对生长新毛加盖角印。每年从游牧部落收取的酥油，管家要向拉鲁主人出示登记册，主人仅凭估计掌握大致情况，没有仔细核算或者查账制度，管家衣食无忧，进项颇丰。拉鲁府属下众多管家、谿堆等实际上都比许多所谓贵族的生活殷实、滋润得多，财产也丰厚得多。其实，在一般属民、百姓看来，这些管家、谿堆等就是大老爷、贵族。

差役和赋税

拉鲁府庶民差巴，均划拨有支差份地，简称差地。差巴依据各自的土地面积，支应谿卡的内差。为使无地百姓不致散失，每年征收人役税（所谓人头税）。对每个人均出具人役税凭据。其中，如属民经商人员等富裕的，每年人役税为十两银，其余人全部每年一两银左右。从经济方面来说，收入菲薄，但是征收人役税的主要目的是为了不使自己辖下属民破产、散失。

当然，纳税就受保护。缴纳人役税人员若同其他谿卡的人发生诉讼，或者受强人欺凌等，因为有管理官吏的支持与关照，也有好处。势力强的领主的属民在社会上的处境比别的属民好得多。卫藏地区由于百姓各有其主，人役税由各自主人征收，移交管家房。主人不仅有收取人役税的权力，还有保护属民、帮助属民的责任。正如俗话所说："不带头不是官，不支差不算民。"正因为如此，既要带领、管理属民，属民如果要出家为僧尼，则要向拉鲁府领取同意的证明，要与其他官员属民成家的，还要处理官员之间换人等事宜。

藏历第十五绕迥火龙年（1916），甘丹颇章成立包细列空（核查收成提税管理机构），在制定各贵族、寺庙粮食赋税时，拉鲁府各谿卡共承担粮赋约5000藏克。虽然全西藏各贵族、寺庙没有一个谿卡承担1000藏克以上的粮赋，但是拉鲁府彭波江甲谿卡在核定粮赋时竟承担1000藏克。当时，产量审核稽查管理员是秘书长洛桑丹迥和龙夏·多吉次杰。核定的粮赋数量如此之大是有原因的。其实彭波江甲谿卡原本系噶伦江甲巴的祖传谿卡。江甲巴女儿是十二世达赖喇嘛大哥益西罗布旺久公爵的夫人，即拉鲁夫人。当时，贵族江甲巴只有一个女儿，请求供职无男性子嗣则不可继承，故与拉鲁府合并。合并之后，该谿卡在名义上需要一名公职人员，但是那时拉鲁府亦无适当子嗣，故每年要缴纳供职代金约 10 个章多[①]。后来在制定粮赋时，由于无公职人员，该谿卡便被纳入制定粮赋的范围。而且两位粮赋管理员还特别规定该谿卡承担粮赋 1000 藏克。拉鲁府一个谿卡就要缴粮 1000 藏克，感到困难，便提出减免请求。然而，两位管理人员说："你们不是缴不起粮赋，一定得缴纳。如若不听从，便对该谿卡全部产量进行核查，一经发现问题，即行没收。"

江甲谿卡承担如此繁重租赋的起因是，该谿卡有个还俗的旧谿堆斋康基巧堪布的管家，由于其妻为拉鲁女仆，名叫齐美拉姆，便任命他担任彭波江甲谿卡谿堆。他在担任基巧堪布管家期间，认识许多孜仲（僧官）。平时，陪同他赌博的均系孜仲。赌博输钱时，他吹嘘说："输点钱有什么了不起，我掌握一个每年向拉鲁府交粮两千藏克的大谿卡。"由于粮赋管理员听到过这种说法，就让该谿卡特别承担粮赋，故不得不缴纳 1000 藏克租粮。拉鲁府主人和两位管家、仆从们就根据上述情况进行商议，立下公约：谿堆只能从拉鲁府所属侍从中轮流委派，今后不得从外部委派。其余的谿卡约承担 4000 藏克的粮赋，故拉鲁府全部谿卡总共需要缴纳 5000 藏克粮赋。

① 章多：旧时藏币计算单位。一个章多等于 50 两藏银。

粮赋余波

在摄政热振时期，桑颇、吞巴两人提出减免豁卡租赋请求，获准减免一半。此后，又有许多贵族呈交减免租赋的申请，这时次旺多吉已经担任噶准。次旺多吉看到转来的呈文，感到很难为情。许多报告在请求减免的理由时，就有龙夏征派豁卡粮赋时贵族受到了打击的说法。如四品官顿珠康萨有一天来到拉鲁府对次旺多吉说："我打算请求减免粮赋。但是在报告中不好说政府的不是，让我承担租赋是不妥的，只能说当时主事人的不是，因此我打算在报告中说龙夏打击了贵族。请你劝令尊大人不要生气。"当时，龙夏刚获释住在拉鲁府。龙夏说："有关减免粮赋问题，你们尽管把一切坏事往我头上推，说我如何不好。你们获得减免，就算达到目的了。那时我把所有租粮全部送进政府的粮仓了，没有一粒粮食装进我的腰包，一心为公，个人毫无牵扯。如今尽管说我不对，我决不会生气。"

那几年，凡是请求减免的都获得了一半的减免。摄政热振卸任后，在摄政达扎活佛时期，噶厦粮食就碰到了大困难。以鲁康瓦为首的一批官员，在西藏"扩大会议"上认为："近来噶厦财政超支，出现了困难。这是由于前一段，对一部分人发放很多粮债和赏赐等，故而使粮库逐渐变空。加之减免部分粮赋，导致目前这种状况。如今需要一如当初征派粮赋，否则恐难渡过危机。"

当时，次旺多吉亦属会议代表。就拉鲁府而言，承担粮赋任务虽然过重，但是并没有提出减免请求，并表示今后继续照定额予以缴纳。要是拉鲁提出减免租赋的请求，等于次旺多吉说自己父亲的工作不妥，他于心不安。如果在会议上采取同鲁康瓦等人一样的立场，则担心影响与桑颇、吞巴亲家之间的关系。而且很可能给人留下次旺多吉与其父的立场和观点一样的印象。次旺多吉思前想后，干脆悄声请假，离开会场去噶厦办公。

当天的“扩大会议”开得热烈，盖有四枚公章的会议纪要，下午即已发到噶厦。其中主要谈到近来已经减免的粮赋应予恢复，要按当初定额缴纳，此乃上世达赖喇嘛所定，不得随意更改。对龙夏管理豁卡粮赋期间的工作予以肯定，并给予表彰。至此，噶厦还是决定废止减免赋税政策，仍照例规收缴，恢复十三世达赖喇嘛时期的定制。龙夏的声誉悄声地渐渐恢复。

第六章

升迁于多事之秋

十三世达赖喇嘛突然圆寂之后，西藏地方局势一直处在动荡之中。因其圆寂原因之故，使当年一人之下万人之上、炙手可热的近侍土登贡培及乃琼护法洛桑索南、医生强巴益西等多人遭到清洗或者各种处罚，达赖喇嘛首肯的不少事业遭到质疑或者停止，许多重大问题因无人定夺而争论不休。特别是因为摄政危机，而使西藏地方政局更加动荡不安。

奖励引发风波

藏历第十六绕迥铁龙年（1940），噶厦发出指令，招来迎请十三世达赖喇嘛转世灵童的格巫仓活佛、凯墨色·索安旺堆、那曲首领孜仲钦绕丹增、办事孜仲·洛桑才旺等人，说："拟奖励有功人员，各位有何愿望，可以写字条呈来。"于是，格巫仓拉章希望将拉萨加更谿卡作为曲谿（寺庙庄园）；那曲首领想要定结宗属亏钦谿卡；雪聂（雪管家）凯墨色·索安旺堆想以财神宝库中的200驮茶叶作为无息贷款；办事孜仲·洛桑才旺请求赐予江孜地区的色囊谿卡。各自所呈交的字条，由噶厦转呈摄政，决定提请“扩大会议”讨论。噶厦随即通知会议召集人仲译钦莫和孜本前来噶厦议事。次日，堪仲大喇嘛然巴·土登贡钦、仲译钦莫童波·钦绕旺久、绒囊色·土登诺桑、觉定·群佩土登及俗官孜本噶雪巴·曲吉尼玛、协嘎林巴·齐美多吉、智玉瓦·索朗旺杰等人来到噶厦议事。

噶厦首先向会议负责人介绍了奖励有功人员工作的进展情况，并说按要求个人呈交的字条现已收齐。如何颁赐奖励一事决定由西藏高级官员“扩大会议”讨论、确定。召开高级官员“扩大会议”，次旺多吉作为色南巴代表参加了这次会议。会议一开始，堪仲然巴·土登贡钦宣布议题为讨论上述奖励对象即各当事人的愿望，看是否应予满足，以便形成文字上报。此后，会议分小组进行讨论。分为扎萨克、台吉以上人员小组，四品官及色南巴小组，列参巴（执事）和普通俗官小组。在各小组分头讨论时，仲、孜总结情况，写成文件草稿。

各小组讨论的议题是如何奖励四位迎请达赖喇嘛转世灵童的人员，因为他们克服困难，完成了一件大事。哲蚌寺堪布代表、柴杰巴卸任堪布益西迥乃说，奖励四位有功人员很好。但更重要的是，摄政热振起先亲往圣湖观相，继而做了具体的布置，极为辛苦，应该向他赠送礼品作为酬谢。色拉寺、哲蚌寺等一些堪布代表也说，热振拉章没有多少曲谿，应该赠送一座曲谿。有的说，热振寺该维修了。色拉寺堆巴堪布坚赞僧格说，论摄政的功绩，赠送一两个宗谿都不够，起码要赠送十多个。公职人员、代理孜本鲁康瓦·次旺绕丹说，一次性赠送这么多宗谿不妥。孜仲阿旺塔巴和列参巴、一般俗官小组的大多数代表也都认为，赠送许多宗谿的提议不妥。如今达赖喇嘛年幼，尚未亲政，我等卑微官员不能擅自做主，但是不为政府着想亦不妥。对摄政，我们一定得奉送礼品，我等全体官员分摊银两捐赠就好。扎萨克、台吉琼绕巴·顿珠杰波说："赠送宗谿的提议不妥，不如由我们公职人员摊些银两，直接献钱更好。"他接着讲，"现今请求颁赐的人员中也有屡建功勋的。如在多麦战争中一些代本献出了生命，一部分人献出了财产，但并未认定他们的功绩。可是，有一些人却接二连三地得到奖励，真可谓'吃山犹嫌不饱腹，饮海还觉不解渴'。"

琼绕巴还未说完，色拉寺堆巴堪布大声喊道："你所说的'吃山犹嫌不饱腹，饮海还觉不解渴'是指摄政吗？"琼绕巴也生气地回答道："你今天又骂人了。我所说的'吃山犹嫌不饱腹，饮海还觉不解渴'，只是就请求颁赐人员中的一些人而言，并非指摄政。"随即，香火房孜仲阿旺塔巴亦说："政府的收入用于色、哲、甘三大寺和广大僧侣的佛事活动，若将大量宗谿作为赠品，各寺的佛事定会受影响，各位堪布能负责任吗？"鲁康瓦支持这一说法，认为宗谿根本不能赠送。

一番争论后，形成了纪要，同意对格巫仓等迎请达赖喇嘛灵童的四位人员进行奖励；对于摄政活佛将视情赠送一两个庄园，或者维修热振寺，或者由三大寺和公职人员摊派银两捐赠。全体一致通过，由仲、孜起草纪要文稿。

铮铮直言遭冤屈

官员“扩大会议”结束约三周后，噶伦们看完霍尔部落（在今那曲市）两名代表的一件呈文后，作为呈交雪噶的文件，交由噶准保管、处理。次旺多吉细致阅读该呈文后发现，其中许多内容写的是琼绕担任霍尔总管期间欺压百姓的情况，是牵涉琼绕诉讼案件的报告。次旺多吉感到这个情况很可能与“扩大会议”期间，琼绕和堆巴堪布之间曾出现的尖锐争论有关。此事若由堆巴堪布向摄政热振汇报，摄政定会大发雷霆。这呈文是专为整治琼绕而精心策划、炮制的一把利剑。

琼绕巴系噶伦彭雪的亲属，与次旺多吉亦友情甚笃，如果坐视不管，他于心不忍。于是次旺多吉专门提醒琼绕巴这呈文很有来头，你要谨慎、保密，决不可掉以轻心，否则大祸即将临头，一定要考虑对策。琼绕巴虽然点头称是，但是他平时就比较傲慢、倔强，态度不怎么好。次旺多吉作为噶准，无法亦无力隐瞒这份呈文，便按程序将呈文和其他文件一起呈交摄政。

自文件呈报到下达批示，经过了较长一段时间，琼绕巴要逃避灾难，完全有足够的时间，但是他却准备针锋相对。一天，雪噶突然下令彻底查清琼绕巴的问题。同时，任命仲译钦莫曲沛土登、仲译钦莫洛桑顿珠（咒师）、孜本噶雪巴·曲吉尼玛和孜本协嘎林巴·齐美多吉等仲、孜四人为检察官员，而孜本协嘎林巴是次旺多吉的近亲。依照惯例，检察人员有召集原告和被告双方仔细询问的制度，但是检察部门数次发出通知而琼绕巴就是不应召。琼绕巴怀疑该案由孜本噶雪巴一手炮制，而且噶雪巴又在检察官员之列，带着疑团和强烈的抵触情绪，他拒到检察机关。因此，检察机关经噶厦向摄政汇报并获准，逮捕台吉琼绕巴。他们派出卡当军团茹本扎拉丹增及 25 名士兵执行逮捕，将琼绕巴带到大昭寺南面检察机关，同时立即撤销其职务，投入监狱。琼绕巴态度强硬，不管如何审问，就是不交代。

后来检察机关便抄了琼绕巴的家。从抄出的文件中发现准备送交达赖喇嘛、噶厦、“扩大会议”及色、哲、甘三大寺的呈文草稿。上面有两处文字修改，一是噶伦彭雪巴的字体，另一处为嘎尔羌丹巴的字体。在审讯琼绕巴时，问何人修改草稿时，他只是说是他自己写的，没有别人修改，拒不承认实情。检察人员说字体不同，而琼绕巴却坚持说，自己笔尖流利，天气好，就可以写成这样。当检察人员提出不坦白将严刑拷问时，他说：“对我这老官员，请不要用刑。倘若猎杀野马，就会危害有上齿的动物（意为唇亡齿寒）。”按照惯例，对四品以上官员不用刑，但是这次对琼绕巴则决定严刑拷打，并曾两次实施鞭刑。琼绕巴仍不肯承认。后来，检察官认定有一处的字体即嘎尔羌所为，便传来嘎尔羌审问，他不仅承认修改了琼绕巴草稿，并揭发另一个修改人是噶伦彭雪巴。

当时，次旺多吉认为琼绕巴所说“吃山犹嫌不饱腹，饮海还觉不解渴”绝非针对摄政热振，而是影射凯墨·索南旺堆。这是因为早在藏历水猴年（1932）多麦地区发生战事期间，琼绕巴和凯墨巴两人均为代本，相互之间并不和睦，未能联合作战，以致两人均在战争中失利，丧失甘孜、德格等金沙江以东广大地区，藏军被迫撤回大江以西，琼绕巴代表藏军与川军刘文辉代表邓骧，签订了以划江而治为主要内容的《岗托停战协议》。由此之故，十三世达赖喇嘛将两人同时由代本降至普通俗官，在即将交检察机关处理时，十三世达赖喇嘛圆寂，检察工作便无人过问。当然，凯墨巴后来恢复了色南巴待遇。当时，在奖励迎请转世灵童的人员中也有凯墨巴，很可能是针对这一情况说的。琼绕巴在“扩大会议”上只说“一些代本”，未加点明，以致被堆巴堪布借题发挥。但是当时一般人都认为琼绕巴所说“吃山犹嫌不饱腹，饮海还觉不解渴”，就是指摄政热振活佛。那时热振拉章领有大量庄园和大批商队，财力雄厚得惊人。

由于堆巴堪布奉承摄政热振，作为奖赏他如愿以偿地被任命为色拉寺麦扎仓堪布。但是色拉寺都基（公会）坚决反对，不予承认，致使色拉寺麦扎仓和热振拉章之间的矛盾日趋尖锐。焦杰[①]帕邦卡活佛既是摄政热振活佛的首席喇嘛（上师），又是色拉寺麦扎仓的喇嘛，受到双方的拥戴。他教导色拉寺麦扎仓广大僧众的同时，向摄政热振活佛陈述道理，最后按照色拉寺麦扎仓的意愿，取消堆巴堪布为麦扎仓堪布的任命。但是，又假借摄政热振活佛旨意，将亲近

① 焦杰意为最上怙主，佛教徒对根本上师的敬称。

热振拉章的玛尔雍任命为色拉寺麦扎仓堪布。色拉寺扎仓僧众表示同意后，局势才稍趋安定。

后来，琼绕巴·顿珠杰波被发配到阿里日土宗流放。例行的“出发鞭”则当是对琼绕巴的送行仪式，挨过鞭子的毒打，骑上红色公牛，踏上了茫茫的西行之途。当时，次旺多吉满怀同情，但是未敢亲往相送，只是派了个仆人送些途中用品。在琼绕巴流放期间，噶厦下令没收他在拉萨的所有财产和大小全部庄园，并令其后代亦不准申请公职。但是，在藏历铁虎年（1940）当十四世达赖喇嘛登上政教宝座时，西藏地方进行大赦。当琼绕巴亦将获释可以返回拉萨时，因为长期病魔缠身，未能返回拉萨而病逝在遥远的阿里日土地方。藏历水龙年（1952），噶厦不仅退还琼绕巴的祖传豁卡，其儿子仁增朗杰亦被允许申请官职。很明显，这是摄政热振时期的一起重大冤案。

司伦被迫下野

自藏历木狗年（1934）以来，摄政热振活佛和作为摄政助理的十三世达赖喇嘛堂侄司伦朗敦·贡嘎旺久，两人在一块工作。由于两人政见不和，因此于藏历土兔年（1939）上半年，摄政热振指示噶厦：“在以往历史上，摄政均无助手。而唯我担任摄政期间，却配有助手，类似于‘一个教派，两位活佛’，办事意见不合，尤其在面对重大事项时往往贻误时机。例如，在迎请达赖喇嘛转世灵童时，双方出现分歧，极为难办。为此要召开高级官员‘扩大会议’，就今后是否需要助手一事进行讨论，提出良策，给予明确回复。”于是，噶厦即刻召集八大仲、孜开会，传达摄政热振的指示后，召开西藏地方高级官员“扩大会议”。热振活佛当时甚至提出不然要辞去摄政职务。

八大仲、孜刚宣布上述会议议题及摄政的指令，堆巴堪布坚赞僧格立即大声说：“司伦朗敦巴本是为了好好配合摄政工作而设的助手，但是事与愿违，反而给摄政的工作制造障碍和困难。如果这样，就应该立即撤职。”色拉寺和哲蚌寺大部分堪布意见与堆巴堪布意见相同，僧俗官员都接二连三地发言，认为：“应该立即撤销朗敦的司伦职务。”大家的意见一致。然而，撤销司伦职务之后，对保留还是取消其名位等问题又进行了讨论。鲁康瓦·次旺绕丹说：“对撤销司伦职务，大家的意见一致，但是取消名位的提议稍有不妥。他是十三世达赖喇嘛之侄，还是保留卸任司伦的名位，较为合适。”大部分会议代表赞同这个意见，最后形成决议，按惯例给以卸任司伦的名位并享受相应待遇。

为了在摄政热振活佛面前阿谀奉承，会议代表一个个离开会场，直接前往摄政热振处汇报情况。次旺多吉也不例外，跟着去了摄政处。当时，摄政正在热振拉章里，仲、孜、扎萨克、台吉、四品官、色拉寺、哲蚌寺堪布和五品僧俗官员等都来到他的寝室里，显得愈发拥挤。坐在前面的仲、孜等人率先汇报，恳请摄政继续供职，以往助手造成了困难，现在经我们讨论决定撤销朗敦的司伦职务。考虑到他系十三世达赖喇嘛之侄，决定作为卸任司伦，保留薪俸待遇。

摄政说："我尊重会议决定。"会议代表全都表示感谢，皆大欢喜。

回过头才写会议纪要呈送噶厦。噶伦们只是对纪要作了一番议论后表示："会议精神已经向摄政作了汇报，我们贯彻执行，直接到司伦朗敦巴处传达。"同时，噶伦们让噶准次旺多吉将会议纪要卷在纸张里面呈上。盖了印章后又让次旺多吉去朗敦处，通知其他噶伦们将于10点钟到达。次旺多吉于次日上午9点钟来到朗敦家，坐在朗敦的随从室里等待噶伦们的到来。

10点钟，噶伦们向朗敦传达了会议纪要内容。接着，噶厦向八人会议负责人通报说："朗敦立即表示拥护，什么麻烦也没有。从明天起，朗敦无须上班。"从此，朗敦为卸任司伦，由摄政热振一人独掌政教事务大权。不久，热振活佛又要辞去摄政职务，根据热振提议并依照法定程序，达扎·阿旺松绕·土多丹白坚赞就任摄政。次旺多吉作为扩大会议代表，参加了讨论任免摄政的重要会议。摄政热振活佛的突然辞职，又对西藏地方政局带来了新的阴霾与震荡。

履行孜本之职

藏历铁蛇年（1941），孜本协嘎林巴·齐美多吉因病医治无效而逝世。按照惯例，任命新的孜本应当由噶厦向摄政呈交一两名候选人名单，由摄政选其一进行签署。但是，由于当年申请孜本职务的人数众多，因而噶厦在正式呈报任命方案之前，先为新任摄政达扎活佛准备了仅供占卜用的名单，即孜恰雪康巴·顿珠多吉、四品官索康巴·旺钦格列、四品官荣扎巴及拉鲁·次旺多吉。

前排右起：孜本拉鲁·次旺多吉、孜本德卡尔·次旺绕丹、台吉噶西巴·丹增诺布、玛基扎萨克朵卡尔·平措绕杰、粮饷官彭雪赛·次丹多吉、四品官吉普巴·平措次丹、四品官松多·坚赞云丹。后排右起：孜恰雪康巴·顿珠多吉、米本朵德·阿旺多吉

在以上4名候选人中，任用何人较合适，摄政达扎敬请益西本尊裁定后，授记：拉鲁色（公子）可任用！由此，噶厦随即呈报方案，雪传达室经首席知宾发出指令，任命次旺多吉为孜本兼德细列空（藏历第十六绕迥土虎年即1938年成立）主管的职务。当年次旺多吉才28岁，同年藏历十月间，新任孜本向孜、雪（此处“孜”指孜译仓和雪孜康）、噶厦等行谒见礼。这时，拉鲁·次旺多吉作为八大仲、孜成员，已经进入高级官员行列。

当时，次旺多吉与孜本同僚噶雪巴·曲吉尼玛、德卡尔·次旺绕丹（鲁康瓦）、智王·索朗旺杰等在一起，按照孜康列空的旧例进行下列履职活动：新收孜康学员，要考察世系无可非议的雪仲（俗官），收取血统无可非议的“公共具保契约”；孜康学员，语文和筹算学习达到及格水平的，便即刻呈报正式公职人员候选人方案；每隔三四年雪仲（俗官）武艺考试的活动安排，以及每年传召法会期间安排“雅索”总管的活动；向孜传达室、雪传达室、噶厦等起草呈报俗官的花名册。除噶伦外，其余俗官无论职位高低都要在名单下面写明年龄、任职年限、担任部门职务等情况。另外，平时得负责俗官们的纪律约束；每年都要安排向各地宗谿征收税赋的所谓“入库收粮”的合适人选；同噶厦一起开会决定平时有关事项；按各宗谿每年收入核定的“按产定税”在清册中所载，分别定出等级，给予奖励。①

此外，按噶厦部署，重要事务由仲、孜（仲译钦莫和孜本即秘书长和审计长）共同讨论，拿出方案，完成西藏地方扩大会议所领导的活动及例行和临时增添的各项事务。当时，为次旺多吉所增加的工作是到德细列空（检察机关藏历第十六绕迥土虎年，即1938年成立）与同事仲译钦莫群培土登一起行使该机关职权。诸如，管理城里社会秩序，监督市场斗升秤两有无作假，提出发展各项社会事业的良策等。另外还要办理紧急诉讼事宜，如调查、办理官员内

① 奖励办法：在大昭寺走廊人群聚集处，孜本宣读各宗谿收入清册。当念到等级名单时，喇恰为一等人员在厚垫上罩缎子，在长柄瓷碗里斟上茶和青稞酒，奖励绸缎、氆氇和茶条等。其余按等级给予大小不同的奖励。对未入奖励等级人员，则在碗口严重缺损的白色木碗内倒入茶渣和酒糟，端放在面前，以示羞辱。

部，官民之间，以及各宗豁农田、草场方面的纠纷等各项例行和临时事务。

案件受理程序：无论何类案件，检察机关都要派员从原告和被告处多次调查取证，直到各当事人都说“陈诉已尽”时，才让其在各自的申诉材料上具名盖章。尔后认真审查双方提供的证明文书，判定谁是胜诉方，草拟判决书呈报噶厦。噶厦审核判决书后呈摄政裁决。在接到摄政的批复时，检察机关才誊清判决书一式两份，加盖噶厦大印，送原告、被告征求对判决的意见。一旦提出判决书言词不清等问题，便进行复核，然后在判决书的背面写上补充说明条款，让当事人双方盖上以示同意的印章，此判决书方具法律效力。这种判决书被称之为“复核判决书”。但是，公布盖有噶厦大印的“告示”式的判决书，则没有复核的惯例。“告示”发至原告和被告作为案件判决书的法律依据。由此可见，在当时的司法制度中，已经有类似调解和庭审的不同案件的审理机制。

当噶厦接到拉萨市区发生特殊情况的报告时，便立即指令德细列空进行调查处理。如藏历铁蛇年（1941）因为拉萨雨水过多，当时丞仁宅院北面（今拉萨市委所在地）与察珠仓南面本来就是积水形成的大水潭，加之雨季积水过量，致使丞仁和察珠仓两家宅院围墙倒塌。两家商量在积水地西边开一条排水沟，由于水势过猛，排水不畅，扎那雪江东仓与恰珠达旺等住宅内积满了水，于是住户便把上面的排水沟堵住。结果丞仁、察珠仓两家与江东仓等诸家发生纠纷。孜本拉鲁·次旺多吉和仲译钦莫群培土登便奉命带上两名僧俗工作人员前去察看，原告和被告双方都十分气愤地向他们陈诉各自的情由。当时发现江东仓院宅确实比其他院宅更危险。江东仓家的主妇肩披红围巾，恭敬地跟随次旺多吉，措辞尖锐地讲述了很多理由，但是对仲译钦莫却不予理睬。或许是因为当时次旺多吉头戴孜本帽，身着黄缎孜本服，外披朱红氆氇外套，便于识别，而仲译钦莫则只穿袈裟（僧装），不易识别官职所致吧。

以前拉萨市东自林廓路，经八廓南北，西至宇拓桥，不仅有一条笔直的下水道，而且任何人要在市内搞建筑，按例均须带上晋见礼物（哈达一条、银币一章喀）去请求拉萨房建管理机构管家批准。房建管理机构也应该派两名巡房员前去检查是否影响下水道、道路及他人住房光线等，然后才能确定是否允许新修建筑。但是，也有个别人与巡房员相互勾结，竟在下水道上大兴土木，致使下水道遭到严重破坏。当时，拉萨水患问题以及因此造成的邻里矛盾都很突出，两位僧俗高官必须立即解决下水道问题。经仲、孜两位充分商议，因地制宜地就地解决水患纠纷问题，使大家都感到满意。

同一年，卸任噶伦赤门·罗布旺杰及其少夫人多央与赤门世袭庄园主旺堆及其妻之间出现不和。由于旺堆认为赡养罗布旺杰之妾多央是根本无法接受的事，内部矛盾有所加深。罗布旺杰则决定把家产献给功德林寺拉章，旺堆当然无法接受。由此，他们便向噶厦提起诉讼。次旺多吉和仲译钦莫奉噶厦之命受理此案。由于央宗次仁与多央平素关系密切，赤门·罗布旺杰通过央宗次仁向次旺多吉反映，他因年迈，加之遇上官司，不仅气病了，而且连说话都全身发抖。他要求孜本次旺多吉帮助解决这次的财产纠纷。拉鲁·次旺多吉回信表示："本来过去家父与赤门巴之间矛盾很大。后来，通过多央向赤门求情，使我的公职问题得到了满意的解决，两家矛盾也随之缓和。在这次官司中，我尽力公平断案，绝不偏袒任何一方，请放心。"受理此案不久，赤门·罗布旺杰去世，多央便接着替其打官司。功德林寺拉章作为她的后台，提出赤门·罗布旺杰去世前就已将其所有家产赠送给功德林寺拉章。孜本次旺多吉和仲译钦莫对当事人财产本着三方所得适度的原则进行公正裁决：将父系祖业及旺堆先喀东边的主宅判给赤门本家，将德格台吉原有房屋和应得份额判给多央[①]，将过去噶厦赏赐给赤门的江孜录岑谿卡有期限地判给功德林拉章，期满后退还赤门。按既定程序将判决方案呈报噶厦。但是噶厦和摄政极力支持功德林寺拉章，否定次旺多吉他们呈报的方案，于是，次旺多吉奉命改判为：将江孜录岑谿卡和赤门主宅判给功德林寺所有；德格台吉房屋判给赤门所有；多央在有生之年的生活费用由功德林寺拉章供给。

创建英语学校始末

据一位卦师占卜说，拉鲁·次旺多吉年满32岁时会遇上很大的

① 多央即多吉央宗，原系德格台吉的二房，其夫去世后与大房太太之子即后来成为九代本的格桑旺堆发生财产继承权纠纷，根据噶厦指令，经在大昭寺骰子裁决，德格台吉财产为多央所有，后因与赤门结为伉俪，德格台吉的房屋就变为赤门所有。多吉央宗曾先后两次成为权贵二房，两度身陷财产官司。

灾难。他为了祈福禳灾，于藏历木猴年（1944）31岁时，在拉萨举行盛大的佛事活动。当时，他趁到南部为塔波僧院划拨属地的机会，顺便到塔波地区各寺朝圣，以丰富供品祭祀供佛。拉鲁·次旺多吉到沃卡地方朝圣后，于十二世达赖喇嘛降生地闭关修行近一个月。结束闭关后他正在为僧院划拨属地之际，收到噶厦指令："拉萨兴建英语学校等事宜至关重要，即速返回拉萨。"于是他便把划拨属地的收尾工作委托给自己的管家顶巴·扎西绕登，他自己立即启程返回拉萨。

在拉萨兴建英语学校的缘由：藏历木猴年住在拉萨德吉林卡的英国驻江孜商务总管黎吉生，以及后来的锡金总督助理、英国驻拉萨代表麦加尔西绕曾向噶厦建议："当今世界通用英语，为使西藏的政治、军事、电业、地质、矿产等各方面能自立自强，倘若能多选派些西藏儿童去学习英语，那是再好不过了。"当时的西藏，除部分贵族及殷实家族子弟自费去印度上英语学校外，一些贵族、大商户的子弟也想学英语，但是苦于支付不了出国学习的巨额经费。为了便于他们学习英语，大家强烈要求就在拉萨兴建英语学校。在这种情况下，摄政达扎·阿旺松热、噶伦喇嘛丹巴绛央、噶伦彭雪·次登多吉、噶公彭康·扎西多吉、噶伦索康·旺钦格列、基巧堪布色杰·阿旺丹僧等决定在拉萨兴建英语学校。

关于教师问题，噶厦意见是请锡金总督帮助解决。随后，经西藏地方"外事局"主管扎萨克索康索巴·旺钦次登与临时代理孜本夏格巴·旺久德典等联系后提出，暂时先派一名英语教师到西藏地方，然后另派一名会藏语的教师。

摄政指令噶厦、仲译钦莫、孜本等负责兴建拉萨英语学校的工作，噶厦委任仲译钦莫、孜本共同管理英语学校建校事宜。经仲、孜商议认为应当将该校建成具有藏英两种文化体系和特点的学校，于是决定把校舍及教师宿舍建在鲁布一带林卡或空地上。仲、孜指定东日瓦为建校主管会计。有关招生方面，仲、孜研究提出初步方案，即令译仓和孜康分别招收噶厦官员子弟。但是译仓列空来信反映，英语学校招生名额，近期难以确定，待筹备工作就绪，学员一经定妥，即送校报到注册。同时，摄政达扎经噶厦发出指示："新建英语学校之负责人由译仓出任，从宗教上讲不太适宜，但此事重大，曾建议由仲本、孜本共同商定为妥。现我意由孜康负责建校事宜。建校工作需要与英方代表联系，各项具体业务亦需要孜康与'外事局'商定。"按照摄政指示，建校事宜由孜康与"外事局"联合负责。当时的孜本是噶雪巴·却吉尼玛、德卡尔·次旺绕丹（鲁康瓦）、夏格巴·旺久德典、拉鲁·次旺多吉。英国教师巴噶尔、藏族教师嘎珠次仁抵达拉萨，原定开学时间虽然已经临近，但是因为校舍建设尚未竣工，孜康经噶厦向摄政活佛请示恢复：校舍建设未竣工之前，暂时先在仲基俱乐部授课。除两名英语教师外，还配有两名曾在噶厦任秘书的平措顿珠等为藏文教员。招收的学员中公职人员子弟 31 名，商贾子弟 10 名。主要的教授科目有藏文（书法、修辞、正字）、筹算、诗学、文法、英语、数学、军事、体操等。后来，正式迁入新校舍上课，学员们每天坚持正常学习。

不久，色拉寺、哲蚌寺的部分堪布忧虑英语学校将危害宗教，因此四处鼓动反对办洋学堂。有一天，色拉寺、哲蚌寺的堪布和甘丹寺的代表突然闯进噶厦提出：有重大政教事务需要汇报，请求即刻召开会议。噶厦意见是，不论有何重大事务，均应先由仲译钦莫和孜本共同商定。遵照噶厦要求，在拉萨大昭寺拉章楼上召开了仲译钦莫和孜本会议。作为孜本及英语学校负责人之一的拉鲁·次旺多吉当然参加了此次会议。色拉寺、哲蚌寺堪布和卸任堪布及甘丹寺两名代表等在会上提出："在拉萨兴建英语学校之事，未经西藏地方会议讨论。过去未曾在拉萨办过英语学校，此实属创新之举。但是这对西藏地方政教事业危害极大，岂能容忍？究竟如何是好？"于是，仲译钦莫、孜本八大官员将他们提出的意见禀报噶厦。噶伦回复：该校经摄政活佛批准，由西藏噶厦与英国官方共同商议兴建的。三大寺有越俎代庖之嫌，况且办此校不论目前和未来对政教事业都很有必要。仲译钦莫和孜本与堪布、代表讨论时，堪布及代表们极为恼怒。哲蚌寺密宗院卸任堪布阿旺克觉说："当今政教正处于衰败之际，若要不失体面，还是讲点'灼伤还需火来医'的道理，正如'河上无桥只得蹚水而过'。在拉萨办英语学校，不论眼前或将来，对西藏政教事业均有很大危害，不得不令其停办。该学校学员均系公职人员和商贾之子弟，没有一个学员家庭不是我们三大寺的施主。各寺将派强悍的年轻僧人把那些学员带回各自供奉的寺庙，撤销该校。"说完起身欲走时，仲译钦莫和孜本们马上婉言相劝："诸位堪布勿须如此动怒，如何是好可禀报噶厦、摄政活佛定夺。”

仲译钦莫即高级僧官们在与寺庙堪布及代表的舌战中并不怎么卖力，而俗官孜本们却讲了很多关于学习英语对政教事业的好处。堪布们最后指出：“如果为了政务的需要让公职人员子弟学习英语，可以由政府出资派部分子弟去国外学习。但是学习英语的公职人员子弟过多，使他们的观点和行为发生变化，这不仅会减少寺庙的施主，而且日后他们手握权柄，对政教的危害会更大。所以，可以肯定在拉萨兴建英语学校是根本行不通的。”仲、孜们在通过噶厦请示摄政活佛的同时，收集内外议论、反映，兼听则明，以便拿出妥善处理的办法。当时拉萨大街小巷谣言四起，说什么“三大寺要派强壮僧人强行带走英语学校学员”，“很多年轻僧人已经到拉萨”等。因此，许多家长怕孩子挨打、被抓走，陆续把孩子带回家。即便摄政、噶厦和孜康等根本不乐意撤销英语学校，但是鉴于内外交困，在紧急关头摄政、噶厦终于不得不通知三大寺，拉萨英语学校即将撤销。孜康发出撤销拉萨英语学校的公告，宣告该校正式撤销。

通缉命案元凶

藏历木猴年（1942）秋季，色拉寺结巴僧院和密宗院催讨粮债人员到彭波林周宗，向百姓催逼粮债，百姓将情况上报林周宗宗本。宗本崔成倚仗其弟群培土登为译仓列空的仲译钦莫，对百姓说：“如催讨过急，你们可不还债。”对此，催债人十分恼怒。于是色拉寺结巴僧院7名僧人和密宗院一名僧人假装前往宗本官邸与宗本理论，将宗本殴打致死。仲译钦莫群培土登立刻向噶厦起诉要求审理。噶厦多次令色拉寺结巴僧院交出元凶，但是结巴僧院推诿拖延、敷衍塞责，拒不交出凶犯。结巴僧院和密宗院又带头阻挠僧人参加木鸡年（1945）拉萨传召大法会，以上两院无一僧赴会，传召总管说此乃违规犯法之举，因此争论不休。色拉寺麦扎仓执事僧及执法僧（俗称铁棒喇嘛）、色拉寺森琼德巴（达赖喇嘛驻寺代表）、热振拉章、普布觉拉章，以及色拉寺固定施主中的商贾代表等向有关方面说明利害关系后，两个僧院的僧人不得已才参加了大法会。

传召大法会结束后，摄政达扎和译仓列空暗中策划，准备利用堪布、执事每月一次在罗布林卡拜谒达赖喇嘛之机，捉拿事件的主犯色拉寺结巴僧院堪布阿旺嘉措。不料诱捕计划被泄露，结巴僧院堪布、执事主仆四人于当日着俗装，带上枪支，骑马离开了寺庙。译仓列空立刻将情况上报摄政达扎，并即派信使令朵麦总管（也叫昌都总管）等捉拿或击毙阿旺嘉措等。噶厦责令台吉桑颇·才旺仁增、三品僧官童波·钦绕旺久、仲译钦莫觉顶·土登诺桑、阿旺扎巴和阿旺朗杰、孜本噶雪巴、朵喀尔哇和夏格巴等审理打死林周宗宗本的案件。

当信使急速行至一个偏僻的小村时，发现阿旺嘉措主仆四人在此投宿过夜。于是信使即刻昼夜兼程，快马疾驰，抵达昌都，向朵麦总管宇妥递交了噶厦令文，并详细汇报途中见到阿旺嘉措主仆四人及方位等情况。宇妥立刻派兵追捕，在青海囊谦附近发现在逃的三个骑马人，包围并击毙其中一人，另外两人逃至玉树。宇妥派朵麦总管府俗官加斯巴去玉树交涉，将两名逃犯押送到昌都。宇妥派人向噶厦送交了捕获两名在逃犯和击毙一人的情况报告及被击毙者的首级。报告称："经查问，据知情人指认，这是堪布阿旺嘉措首级。"首级被送达拉萨后，噶厦本打算悬挂街头示众，然而4人中还有一人下落不明，况且宇妥报告中也仅只据知情人指认而已，真实与否并无定论，故首级未曾悬挂街头。噶厦只是把宇妥派人押送回来的两名逃犯流放于外地。后来得知，阿旺嘉措逃脱后与从流放地逃脱的一名同伙在康定汇合。他们的另一名同伙在十四世达赖喇嘛坐床特赦中获释于流放地。宇妥报告中所说的"一人下落不明"指的就是阿旺嘉措本人。原来当时4人在逃亡囊谦的路上，阿旺嘉措离开3个随从，避开了追兵的注意力，一人逃脱，流落打箭炉（康定）等地。

就林周宗命案以及结巴僧院和密宗院僧人不参加木鸡年传召大法会等违法案件，在雪印经院进行审判，决定逮捕日沛嘉吴等20余名僧人，罪情严重的流放到边远宗豁，收缴色拉寺结巴僧院的枪支弹药，仅支付少量价钱，作为维持僧众生活基金。

喀尔多袭击拉鲁始末

藏历木鸡年（1945）十月十九日，新任孜本阿沛·阿旺晋美拜谒达赖喇嘛及诸高级官员的仪式结束之后，拉鲁·次旺多吉作为同事应邀参加了庆祝宴会。拉鲁每次外出时，通常都要内穿白绸坎肩，佩戴护身符，上身着黄缎藏袍，外罩呢褂。而那天他却忘了佩戴护身符，临行前经夫人索南德吉提醒，他重新穿戴衣帽，佩戴护身符后才走出家门参加宴会。

阿沛府宾客满堂，宴席极为丰盛。晚餐后，约23时，返程回家。仆人扎西骑匹棕色马开路，次旺多吉骑着被称为“仁增江嘎”的坐骑跟随其后，仆人朗杰骑匹枣骝马殿后。因天色较晚，马夫米玛、唐拉达瓦和仆从塔杰占堆、多吉、次平等人也来接他。次旺多吉的坐骑性情暴烈，行驰疾速，故而他让马夫米玛和唐拉达瓦从两旁紧勒缰绳。次旺多吉还让塔杰占堆吹奏笛子，让多吉手提煤气灯在前面照明。主仆数人缓缓前行，行至布达拉宫后大象房西侧、流沙河堤石桥附近，突然听到后方和北侧树丛中枪声大作，子弹不断向次旺多吉射来，从头上、耳旁飞过。突然他觉得右背被石头重击，辔绳从右手中脱落，他摸了摸后背未见伤处，林中枪弹仍然不停地向他射来。这时他发现自己随身只携带一把割肉小刀，没有带任何武器，便策马冲出，并令多吉熄灭煤气灯。但因枪声太紧，多吉被吓得手足无措，没法关闭灯的气门，便用衣服掩盖气灯，但是未能盖严罩实，灯光仍然能够照见路面上子弹落地掀起的滚滚尘土。回家道路仅有一条，拉鲁主仆等只得硬着头皮继续向前行走。此时，他的坐骑因中弹而暴跳不止，从右侧抓住马缰绳的唐拉达瓦已经失手，眼看左侧的米玛也将失手，他急忙大喊：“注意！马已经无法控制。”话音刚落，马扑哧扑哧口出粗气，飞驰疾行，直奔家中，到家大门口时，后腿瘸了一下，他以为枪弹击伤了后腿，进入宅院下了马，没走几步，那马便躺倒在地，查看后发现3处枪伤，淌血不止。等卸下马鞍，马直挺挺地躺着，不久便死去了。他一人先行到了家，“仁增江嘎”这匹神马，以自己的牺牲，挽救了主人的性命。经检查发现，次旺多吉只是在右肩胛骨下侧有一个硬币大小的肿块，背部中央触摸时感觉有点疼，但是均无大碍。或许护身符起了作用，大难不死必有后福吧！

在这次枪击事件中，为拉鲁殿后的仆人朗杰手受枪伤，马中两弹当即死去。事后经现场勘查，发现约 50 个手枪弹壳、3 个步枪弹壳和一顶皮帽，在死马周围发现许多人的脚印。数日后，据达赖喇嘛司寝堪布强巴曲桑反映，枪声大作时他怕流弹飞入宫里，关闭了布达拉宫寝殿的窗户。枪声停息后，从窗内看见流沙河堤石桥附近亮了一下手电筒，过了一会儿，又见一束手电光从江思霞路直朝小昭寺南侧方向走去。数月后，喀尔多活佛格桑土登年扎的管家辞职，与他相好的人问他因何故辞职时，他回答活佛德行欠佳。拉鲁派人到小昭寺一带，暗中探询现场皮帽的主人。一家酒店老板说帽子像是喀尔多活佛佣人的，此人住小昭寺南侧。所以，喀尔多活佛派枪手的可能性很大。卸任拉章恰佐觉扎素日与喀尔多活佛十分相好，与拉鲁府关系也很融洽。一日，拉鲁拿话诈他：“日前向我开枪的可能是喀尔多活佛。”觉扎说不可能。大约过了一个月，觉扎来到拉鲁住处愕然说道：“向您开枪之事，我问了喀尔多活佛，他听后大惊失色，非常惊慌地说‘不是我，不是我’。”事情已经很清楚了，但是次旺多吉无真凭实据，只好暂且搁置不提。

藏历火狗年（1946）十月十九日，拉鲁·次旺多吉被任命为噶伦，准备于第二年元月二日举行拜谒达赖喇嘛及诸高级官员的仪式，在此期间，他按例以代理噶伦的身份参与、处理噶厦事务。他到噶厦任职后，觉扎和喀尔多活佛来到他的住处，送一包酥油和一块缎料（够制一件衣服的料子）。觉扎对次旺多吉说："不管过去喀尔多活佛和阁下的关系如何，恳请今后多多关照。"喀尔多活佛也随声附和，很可能是怕拉鲁就开枪之事进行报复。彼此心照不宣，次旺多吉也只好含糊了事，并当即欣然说："啦索（表示答允的口气）！今后如有相求之处，请直言相告。"后来，藏历火猪年（1947），喀尔多活佛因受热振事件牵连而被关押。西藏地方会议将审讯结果转送噶厦，供词中承认强巴彭鲁等 4 人受喀尔多活佛的指使去枪杀拉鲁的事实。其缘由为：在雪印经院审判林周宗本命案时，传闻孜本拉鲁和夏格巴严厉惩处了凶犯，其中有喀尔多的粮管人员。故而派人枪杀拉鲁。供词中还供出强巴彭鲁等 4 名同案犯。西藏地方会议批准逮捕了在拉萨的两个人，另外两人在藏北，命令那曲总管将之捉拿归案。后来，在拉萨的两人交给拉鲁发落。因受他人指使之故，拉鲁将这两人转交雅德谿卡管制，其中一人途中逃脱，另一人在十四世达赖喇嘛亲政大赦时获释。另外，从没收充公的喀尔多活佛财产中拨付 140 章喀藏银，作为对拉鲁两匹马的赔偿。

第七章

晋升噶伦和朵麦总管

藏历火狗年（1946），噶厦接到朵麦总管的加急公文，内称："昌都地区旱魃肆虐，禾苗干枯，秋收无望，粮价暴涨，百姓生活艰难……"噶厦立即召开西藏地方"扩大会议"，商讨对昌都地区进行救灾和开展生产等赈灾事宜。

酝酿和物色人选

商讨救灾事宜，必然涉及总管职位及其换届人选等问题。十三世达赖喇嘛时期，朵麦总管一职由众噶伦轮流充任。自热振活佛任摄政之后，改由一名扎萨克充任，有时也派两名扎萨克同时担任总管。因为扎萨克品级较低，权力有限，担任总管就难以处理该地区的一些公益事业和百姓生计等问题。因此，"扩大会议"决定恢复旧制，由噶伦出任总管。时任朵麦总管的扎萨克宇妥·扎西顿珠，来年任期届满，需要委派现任噶伦前往接替，但现任噶伦都不愿出任朵麦总管。而会议又提出能不能再委任一名增设噶伦或代理噶伦去

1946 年，拉鲁·次旺多吉担任西藏地方政府噶伦

出任朵麦总管。这样，势必从孜本中选人代替，而孜本们为避免这一苦差，便提出必须由现任噶伦出任朵麦总管的建议。这一建议获得与会官员的一致赞同。火狗年，平康·扎西多吉的噶伦职务被解除，刚好可以补任一名噶伦。

是年下半年，噶厦为物色噶伦人选，将拟就的部分孜本和扎萨克名单呈摄政达扎卜卦。孜本拉鲁·次旺多吉中上卦，因此噶厦举荐拉鲁为噶伦第一人选。同时，建议由他接任扎萨克宇妥的朵麦总管职务。摄政达扎根据噶厦的举荐，任命次旺多吉为噶伦和朵麦文武总管。这一消息传来，拉鲁·次旺多吉既惊喜又忧愁。能荣升噶伦当然是值得高兴的大喜事，但是出任朵麦总管这份苦差事却是他和家人都很不情愿的，全家真可谓悲喜交加，忧心忡忡。事已至此，毫无选择余地，他只好听从安排了。噶厦派噶仲玛尔朗巴·晋美扎拉来送任命书的同时，举行了简单的庆贺仪式。拉鲁仔细看过任命书后仍退给噶仲带回噶厦。

藏历火狗年（1946）九月十九日十点，拉鲁前去“孜雪”（达赖喇嘛寝宫和摄政官邸合称）受命并献谢恩哈达。此时因为晋升噶伦，拉鲁就身着黄缎藏袍，足蹬朱红彩靴，头戴江克达帽（夏季官员帽），从铺着绘有雍仲“卍”图案的缎垫马镫上马。由一位发辫上饰有松耳石的顶髻宝盒，身着棕色缎袍，足穿紫色彩靴，头戴红缨帽，左肩挎着彩缎包袱的知宾为前导，3名仆人的装束与知宾一样。他们在拉鲁的乘骑前后分为各两骑，簇拥着他前往摄政达扎官邸待命。在摄政活佛面前，拉鲁垂手肃立，恭恭敬敬听令。摄政活佛宣令后，次旺多吉转身即去布达拉宫向达赖喇嘛献谢恩哈达等。在布达拉宫日光殿传令室里，僧官们正在举行例行的早茶会。拉鲁·次旺多吉从中径直步入日光殿，向坐在宝座上的达赖喇嘛行三叩首礼后，敬献曼扎、三所依和哈达。大宝佛回赠他内库哈达、护身结并摸顶赐福。然后赐座、赏茶饭，向他表示祝贺。歇息片刻，拉鲁·次旺多吉又去摄政处敬献曼扎、三所依和哈达。

向大宝佛及摄政活佛献过哈达，就等于已经获得了代理噶伦的职务和头衔。于是，他便前往噶厦同其他噶伦互献哈达。尔后，就座于代理噶伦座位（长垫上铺有两层缎料方垫）。饮茶用饭后，扎萨克、台吉、粮台、代本、财政官和四品世袭贵族子弟（色南巴）等俗官们依次向拉鲁献哈达道喜。噶伦们说了些祝贺拉鲁的话，庆贺到此结束，他便兴冲冲地打道回府。回到家中，看到亲朋好友早已带着哈达等着向他贺喜。

噶伦和噶厦面面观

第二天起，次旺多吉就到噶厦办公，同其他噶伦共同处理公务。代理噶伦承担的任务与正式噶伦相同。有别于其他俗官的是不在孜康花名册中，不受其约束；坐垫与正式噶伦略有不同，代理噶伦的坐垫是在长垫上铺两层缎料方垫；不设侍卫官，随从也比正式噶伦少一名；代理噶伦只是珊瑚顶戴，而正式噶伦的坐垫是蓝呢子厚垫，正中镶有四方形的朱红色呢子；噶伦顶戴为红宝石。参加大的庆典时，噶伦坐在达赖喇嘛的右前方，坐垫高约一尺，红呢厚垫上铺有彩缎，座位前摆有方桌。噶伦外出时可带知宾等5名随从及一名侍卫官。噶伦们在噶厦聚会时，双手合十，互致问候，但代理噶伦则要向正式噶伦问安。

就任正式噶伦，要做许多准备。参加各种大典，需要身着不同衣帽。以服装为例，需要准备彩云腾龙图案的缎子袍服、黄蓝四相缎子服装、妆花缎服装、印花彩缎服装、红缎服装、黄色团龙缎袍服、库伦装、海龙皮大褂等。以帽子为例，需要准备饰有红宝石的“娃格”帽（官员冬帽）、“嘉达列”帽（四品以上俗官帽之一）和“布鲁”帽（与嘉达列帽相似，顶上缀有红缨），还要为随从准备各式服装。要去布达拉宫、大昭寺的各殿堂为主要佛像换袍服、设云供，向释迦牟尼佛像供奉金轮。金轮的大小视自身的经济条件而定。次旺多吉供奉的是用 30 枚金币打造的金轮。

拉鲁·次旺多吉正式就任噶伦的晋谒典礼是在藏历火猪年（1947）元月二日新年庆典上举行的。这天上午，拉鲁府宾朋满座。室内以柱面幡和胜幢装饰，更显庄重。次旺多吉坐在正中的座榻上，面前摆着青稞酒、切玛（五谷斗）等吉祥物。为了吉祥从扎细寺请来 8 位僧人念诵“八瑞相”“八瑞物”经文。随后阖府敬献哈达祝贺。这天，拉鲁·次旺多吉身着王子装（举行重大庆典时，俗官所着的礼服之一，礼服上绣有“七政宝”[①]图案），府内知宾头戴“娃格”帽，身着环花纹黄缎袍。其余 4 名随从身着棕色缎子袍。

拉鲁·次旺多吉晋升正式噶伦之后的侍卫官为觉哲·久美多吉。按惯例，他的马队先到大昭寺朝佛，随后再到布达拉宫晋谒达赖喇嘛。达赖喇嘛就座于大殿中央宝座，诸噶伦坐在对面。摄政活佛坐在右边，诸僧官和色拉寺、哲蚌寺的堪布也坐在右边。俗官们坐在左边。拉鲁·次旺多吉从中趋步至达赖喇嘛面前，行晋谒礼并献上曼扎、三所依。按惯例，地方政府赐红宝石顶戴“娃格帽”、彩云腾龙图案的缎料袍服、彩靴和刀碗套[②]于拉鲁。他当即更换穿戴，向达赖喇嘛行三叩首礼，再次敬献曼扎、三所依谢恩。达赖喇嘛赐他

① 七政宝，也称轮王七宝，指金轮宝、神珠宝、王后宝、大臣宝、白象宝、骏马宝、将军宝。
② 贵族在腰间佩戴的汉式小刀、筷子、荷包、碗套。

哈达、护身结，并用双手为他摸顶赐福（平时为公职人员摸顶只用单手，对获噶伦职位的人则用双手）。典礼一结束，拉鲁便回到府中。此时，亲朋好友都前来向他道喜、献哈达。接连数日摆宴庆贺。为了感谢摄政活佛的任命，拉鲁依例备好丰厚的礼品，通过大管家求见摄政。当然，也少不了给大管家一份厚礼。

充任朵麦总管之事，并非拉鲁本人所愿，摄政活佛是否了解不得而知。次旺多吉到摄政官邸后，向摄政活佛献上曼扎、三所依和礼品，感谢他所赐噶伦之官职。对出任朵麦总管一事除了表示遵命，也禀明家中的诸多困难。摄政活佛说："任命你为朵麦总管，是考虑到你年富力强。昌都乃要隘，总管责任重大，须忠于职守，体恤百姓。给我所送之礼物，我是万万不能接受的，对管家也勿须破费。"谢恩礼虽然免了，但是辞去朵麦总管的请求并未被恩准。

噶厦的主要工作是经办西藏地方各宗谿呈送的各种报告，其中除重大的政务报告必须禀报达赖喇嘛或者摄政活佛定夺外，其余均由四大噶伦共同讨论决定。僧俗官员的任免事项：凡俗官都由噶厦提请任命，僧官均由译仓列空提请任命。对派往各宗谿的僧官，凡涉及政务的，也都由噶厦来决定。所以，所有僧俗官员都非常敬重噶厦。其他如房地产的继承、转让等纠纷，都由噶厦直接或指派专吏处理。由于噶厦是地方政府的首脑机关，而噶伦则是地方政府的主要官员，所以既享受许多特殊待遇，行使诸多权力，又要无偿支应各种公差。如在传召大法会期间，要无偿派出公差马 24 匹，参赛马 4 匹及参赛骑士等。

噶伦们平时去噶厦办公，均是一路 7 人马队前往。其排列为一名侍卫官在前面开道，其后是一名随从和一名知宾，然后才是噶伦本人，紧随其后的是 3 名随从。侍卫官不仅要负责噶伦的人身安全，还要负责其他事情，例如，噶伦到达噶厦时，侍卫官要站立在大门一旁，喊一声“噶伦大人驾到”后，先行入门。这时，凡是在场的噶仲、噶准、房管人员和清洁员等都要起立，躬身迎接。噶伦则向他们致意。进入室内，噶伦之间彼此双手合十互致问候。入座后，噶伦将帽带解开，侍卫官趋步上前把帽子摘下，挂在帽架上。虽然噶伦自己完全可以摘掉帽子，但是按照规矩，要由仆人摘帽，以示尊贵。噶厦开会时，4 位噶伦的侍卫官都必须守在门口，禁止其他人员随便入内。为噶伦斟茶时，噶伦各自的侍卫官来到案前，单膝跪地，从怀中取出噶伦的茶碗，擦拭干净后放在茶桌上（茶碗内有一方擦碗用的白布，外面用一方红色或蓝色绸子包裹），这时，噶厦的厨师（库房的囊森）提着银质茶壶来斟茶。侍卫官还得将茶碗托起来，双手捧上，噶伦不能自己端碗用茶。噶伦用过茶后，侍卫官将残茶倒掉，将茶碗擦净包好，揣入怀中。但有时茶斟上以后许久不见侍卫官来奉上，噶伦只能等着，就是茶凉了，也不能自己端碗用茶。由于拉鲁平时惯于用热茶，就顾不得这些繁文缛节了。有时侍卫官来捧碗敬茶时，他已将茶用完，侍卫官只是咧嘴笑笑，将茶碗收起来。噶厦举行全体会议时，噶伦去厕所，得先唤侍卫官，待他把帽子从帽架上取下给噶伦戴上后，才能离开会场。这时，在场的执事们，得起身垂首而立，噶伦走到厕所跟前，侍卫官又得上前摘下噶伦的帽子，端在手中，站在一旁等候。

噶厦上下班时间：早上9时上班，中午在噶厦用餐，吃肉食稀饭，不另做菜。公务不忙时，大约在下午4点来钟下班；公务繁忙时，就工作一整天。遇有重大事情，就得同仲译钦莫、孜本共同商议决定。如若决断不了，而达赖喇嘛又尚未亲政，就得向摄政活佛禀报。如遇重大边关事宜，摄政、噶厦共同会商也无法定夺时，就要召集西藏地方扩大会议讨论决定。会议前，噶厦要向八大仲、孜发出通知，告知会议内容，并负责收集对召开西藏地方官员大会的意见和建议。大会做出决定后，要加盖4枚公章（即三大寺代表各一枚、僧俗全体官员一枚）后转交噶厦。噶厦只能按决议照办，并无修改决议的权力。

次旺多吉就任噶伦期间，达扎活佛充任摄政。噶厦难以决定的事项就向摄政达扎活佛请示。例如，在藏历火猪年（1947）印度宣告独立时，西藏地方政府立即去函，要求印度归还被英国非法侵占的西藏南部全部领土。印方复函称，在双方尚未签订新的条约之前，仍应维持原状。此后，印度政府通过驻拉萨代表黎吉生邀请噶厦派西藏地方代表参加在印度召开的“泛亚洲会议”。[①] 噶伦当即讨论并禀报摄政活佛。决定委派扎萨克桑颇·次旺仁增和堪穷洛桑朗杰两

---

① 是指火猪年3月在印度首都新德里召开的“东方各国联合大会”，即“泛亚洲会议”。应印度政府邀请，噶厦派去的代表台吉桑颇·次旺仁增、堪穷洛桑朗杰、四品官翻译吉普巴·洛桑旺堆等到达新德里。3月23日，在“泛亚洲会议”的会场上悬挂所谓西藏“国旗”，西藏地方代表桑颇·次旺仁增讲话。会议企图把西藏从中国分裂出去。

人为代表，并根据他们两人的提名，确定工作人员。又如，噶厦接到堪仲（仲译钦莫）阿旺朗杰家发生手榴弹爆炸事件和西藏地方驻南京办事处发来电报称，卸任摄政热振所派代表要求南京国民政府给予其重返政坛以武装支援等，此类重大政治事项，噶厦都及时禀报摄政活佛并遵照指示办理。这些重大事件都发生在拉鲁·次旺多吉刚担任噶伦期间，故其记忆尤为深刻。

私宅爆炸事件

藏历火猪年（1947）一月，堪仲[①]阿旺朗杰（摄政达扎幕僚）家来了一位自称是从康区来的人。他将一个外面用白布裹着，上面写有“密件”和“朵麦总管扎萨克宇妥敬呈摄政王”的小木箱交给仆人古如，并说这是呈给摄政大人的，掌柜随后便到，说完就走了。一直等到藏历二月十七日，也不见那位掌柜来。

堪仲阿旺朗杰的侄子更堆看着这沉甸甸的小木箱，心里估摸着莫非装有什么贵重东西？便背着堪仲将小木箱带到自己房内，小心翼翼地拆开外面裹着的白布，刚一打开箱盖，就听到“嗤嗤”的响声，只见箱内一枚手榴弹的引爆线正燃烧着，吓得更堆仓皇逃出房外。霎时间只听得房内“轰”的一声，手榴弹爆炸了。更堆幸免于难，但是房内的陈设、墙壁遭到不同程度的破坏。左邻右舍和治安警察听到巨大的爆炸声后，都跑来察看。堪仲阿旺朗杰得知此事后，就拿着弹片、

① 堪仲即有堪布名位的4名僧官，藏语俗称仲译钦莫，秘书长之意。

小木箱的碎片和写有字的白布到噶厦报告。他说完家中发生手榴弹爆炸事件的前后经过后，自言自语道：幸亏这小木箱没呈送摄政活佛，否则，将会给摄政活佛性命带来极大危险。

噶厦在讨论中认为：这事件是经过精心策划的，是一起用心险恶的谋杀事件，必须认真查处。但是，当时噶厦并未能查清案件、捕获案犯。在后来的热振事件中，才查明已故代本晋巴瓦去康区前，从地方政府领取了一批手榴弹。代本晋巴瓦未将全部武器缴清前就逝世，家中遗留有手榴弹。晋巴瓦的女婿厩吏次旦平措从马贩子次仁多吉那儿买马付款时，抵付了两枚手榴弹。马贩子次仁多吉又将手榴弹转卖给热振拉章。而雍乃喇嘛洛桑益西朗杰等热振拉章利益集团，嫉恨摄政达扎活佛不让位于热振活佛，为恢复热振活佛的摄政地位，而精心策划阴谋，将手榴弹先送到堪仲阿旺朗杰家，再由堪仲把手榴弹转送摄政达扎，图谋让达扎活佛死于非命。

根据“西藏地方扩大会议”呈报的处理意见，对于以手榴弹折合成买马款的晋巴瓦女婿次旦平措给予开除一切公职的处罚。后来据夏索反映，另一枚手榴弹是在查抄热振拉章财产时发现的，其外形像是一封用白布包裹着的铜币，为安全起见，销毁时还专门派去了士兵。

南京密电

藏历火猪年（1947）二月二十三日上午，噶伦们接到驻南京办事处堪穷土登桑布等人发来的秘密紧急电报。在传阅这份密电时，拉鲁·次旺多吉见上面注有“密电”和仅供噶伦以上官员阅示的批文，便情不自禁地惊呼：“啊呀！这封密电只许噶伦以上官员看。”噶伦喇嘛然巴急忙摆着手说：“小声点！以免被外面的秘书和工作人员听见！”噶伦、近侍和基巧堪布等人对密电都感到非常恐慌。密电内称：“热振的代表哲郝尔甲本之子顿朗和拉嘎尔之子土多两人请求南京国民政府派军队、飞机并配给军械，支援热振。蒋介石答应在五日内给予明确回复。”噶伦喇嘛然巴·土登贡钦、噶伦索康·旺钦格列、噶雪·曲吉尼玛和拉鲁·次旺多吉4人及基巧堪布[①]钦绕丹增等人召开秘密会议，对面临的紧急情况进行了认真研究。噶伦索康说：“印度驻拉萨代表英国人黎吉生曾提醒过，在此之前黎吉生曾向摄政达扎密报，参加国民大会的除了西藏地方政府委派的两名代表扎萨克凯墨·索安旺堆和扎萨克达康·土登桑沛外，还有西藏地方的其他几人参加，应该引起关注。摄政达扎当即指示噶厦，责成驻南京办事处认真调查此事。而我们却听而不闻，当查不查，不当成一回事。对此等之事只能先下手为强，别无他法。故应先把热振押解到拉萨审问。”与会官员都一致同意索康的意见，并决定委派一名噶伦负责押解事宜。随后，噶伦、近侍和基巧堪布到摄政达扎官邸禀报。噶伦然巴代表噶厦汇报了驻南京办事处发来电报的内容、讨论情况及准备采取的对策。摄政达扎活佛听后，似乎很惊讶，不知是恼怒还是伤心，反正含泪同意了他们的方案。噶伦然巴又提出

① 达赖喇嘛近侍中高级官员职位名，亦即僧官首领，其地位等同于噶伦。

由哪位噶伦负责实施既定方案时，摄政活佛指示由噶伦索康负责办理。索康十分诧异，提出要派一名噶伦协助。摄政当即决定由新任噶伦拉鲁·次旺多吉协同办理。

官员们从摄政官邸出来又到布达拉噶厦会议室继续开会。当时，索康提出他自己与拉鲁单独商谈。于是他们俩到布达拉宫“尧谿”内室商量。索康问：“我们何时出发?”拉鲁说：“今晚做好准备，明天一早就出发吧。”索康认为这样会走漏消息，还是当晚出发的好。拉鲁同意索康的意见，回到噶厦会议室，向其他噶伦说明他俩商议的结果——决定当晚就出发。

摄政和噶伦联席会议在讨论具体行动方案时，决定由摄政、噶伦和基巧堪布共同负责此次行动，八大仲、孜负责检察工作。在西藏地方扩大会议上，只提驻南京办事处的来电，不提英国人黎吉生所提供的情报。在讨论查封热振拉章的问题时，噶雪巴怀疑拉章恰佐（管家、司库）觉哲是热振派系的人，提出要逮捕他。这时拉鲁·次旺多吉说：“去年认为‘喇恰’觉哲与色拉寺结巴僧院堪布阿巴嘉措有牵连而逮捕他，后经查实没有任何问题，又予以释放。现在再不能往这上面扯，何况觉哲·久美多吉曾是我的侍卫官，这样做我是不能容忍的。”索康支持拉鲁的意见，说这次不必逮捕。于是，才勉强作出不逮捕觉哲的决定。此事尘封已久。但是据其回忆录说，后来索康却将此事直接告诉了觉哲。觉哲有天来拜访拉鲁说：“如果不是您出面帮忙，噶雪巴早就把我抓起来了。”

摄政和噶伦联席会议还决定：噶伦索康和拉鲁必须星夜兼程赶

赴热振寺，随从人员和扎细军营的官兵可根据需要由他们俩调遣，噶厦不做具体安排。他们从拉萨出发需要严格保密，所以不便派马差，从别处借马又怕泄密，便决定骑用自家马匹。基巧堪布则以另有任务为借口，集中罗布林卡、雪马厩的公用马匹，于当晚11时送到扎细军营。噶伦然巴、噶雪和基巧堪布家的马匹也在同一时间送到索康和拉鲁家。

卸任摄政的陨落

藏历火猪年（1947）二月二十三日下午，噶厦会议结束后，与会人员各自回家，为赴热振寺做准备工作。在回家途中拉鲁与索康商量决定，索康通知部队司令格桑崔成，由拉鲁通知司令朵卡尔瓦，再一起到扎细军营。晚上9点钟，拉鲁与朵卡尔瓦到达扎细军营时，噶伦索康、司令格桑崔成、喀当军团代本薛奎巴、羌塘（指北方）总管四品官夏格巴·洛色顿珠等已先期到达。大家一起讨论“迎请”卸任摄政热振活佛之事。

索康说：“为了不使热振寺方面知道消息，派遣羌塘总管四品官夏格巴率领250名官兵封锁彭波果拉山口。”拉鲁认为这样很好，表示赞同。此时，噶伦然巴、噶伦噶雪巴和基巧堪布等人的乘骑、驮骡及罗布林卡的部分公用马匹已经送到。索康、拉鲁、格桑崔成、薛奎巴等文武官员，以及扎细军营第一茹本阿南达瓦和第四茹本格桑两人率领的200名官兵于晚上11点钟，从扎细军营出发。先行的四品官夏格巴和250名官兵已经在彭波果拉山口防守，他们汇合后继续前进。次日上午到达彭波林周宗时，乘马的都先期到达，而大部分步兵落在后面。因此，在彭波等地派马差，乘马继续前进。于晚上 9 时抵达达隆宗。这时已经快到热振寺了，如果继续前进，长驱直入就难免发生战斗，会有生命危险。拉鲁认为，如果当夜就地宿营，就能两全其美：这样一来可以缓解他们人困马乏之窘困；二来由于他们兵强马壮，声势浩大，容易走漏风声，热振寺发觉过后，就会逃跑。如果发生这种情况，他们就不负直接放走热振之责，还可以不费吹灰之力占领热振寺，从而避免生灵涂炭。拉鲁知道索康是个贪睡之人，于是小心翼翼地问道："我们人马昼夜兼程，已是人困马乏，是否在此休息一宿？"索康欣然同意："就这样吧！"

出人意料，凌晨一点左右，派出守卫达隆大路的哨兵突然回来报告，接着第四茹本也报告说："从大路北面有数骑人马飞驰而去。"话音一落，大家立即坐起来，即刻出发。

拂晓前他们渡过旁多大铁桥边的渡口，沿着大路向上走。这时拉鲁提议，就地召集各位负责人一起开会决定分工：茹本阿南达瓦率领 50 名官兵监视热振寺；第四茹本格桑同热振活佛关系较好，故让他率领 50 名官兵向热振的别墅进发，逼近其身边，务必设法"迎请"热振活佛。噶伦和各位负责人紧随其后。根据以上分工，大家同时出发。他们在行进中，看见热振河源头的岸边走来 3 位骑马人，他们看见官兵，立即避开官兵涉水绕路而行。马到河心时，因水深行动缓慢。此时有几位士兵说："这些骑马人可能是送信人！"端起枪就准备射击。索康和拉鲁令其不要开枪，先观察一下，如果看到他们向热振寺方向走，就会走漏消息，便可以开枪；如果向沟日方向走去，就没有开枪的必要。大家准备好射击，静观其变。后来，骑马人渡过河后，沿河向下游跑去。因此，索康、拉鲁他们继续向热振寺方向进发。

这时，茹本阿南达瓦率领官兵直向热振寺扑去。因为寺内毫无防范，便一举拿下了热振寺，登上楼顶吹响军号。当时，卸任摄政热振的驻锡之地也被包围，第四茹本格桑、甲本噶玛热桑、甲本格桑等直插别墅，强行来到热振面前，口称“我们去羌塘，请求仁波切接见”。晋见时，第四茹本格桑才说：“我们是（地方）政府派来迎接热振大师的。领导人是两位噶伦、格桑崔成司令、薛奎巴代本、羌基（藏北总管）四品官夏格巴等人，他们都已经到来。”同时，急忙派人向随后前来的两位噶伦送信。这时，两位噶伦还在途中。索康对拉鲁说：“如果热振得到密信，很可能经北道出走了。要是发生这种情况，我就不敢回拉萨，只有出走国外。”但是拉鲁却说：“我有家眷，是无法出走的。不管发生什么情况，我也要回到拉萨去。”他们边走边交谈，总之，对于完成这次任务，他们都怀着疑虑和恐惧的心情。不一会，第四茹本格桑派出的送信人员来到他们面前禀报：“请噶伦大人快行，事情非常平稳，我们正在恭候您二位。”听到报告，大家的心终于放下来了，立即快马加鞭，很快就到了热振活佛驻锡之地。

他们走到热振活佛跟前，接受摸顶后落座。热振活佛问：“这次二位噶伦驾到，有何贵干？”索康回答：“最近拉萨发生了一次手榴弹爆炸事件。我们是为这事而来，迎请大师到拉萨的。”接着他们在寝室楼下开会，研究、商议“迎请”的具体事宜。决定将热振活佛及其三位贴身侍从，以及热振活佛的兄弟土登坚赞一起带走。于是，立即通知他们准备日常用品，同时派出信使向拉萨噶厦汇报情况。

出发之前，索康说他要“迎请”热振大师先走，让拉鲁留下查封热振拉章以及其他房间。拉鲁不同意，说：“我们同来同往，我不愿意留下来。”索康却执意劝道：“您以前当过孜本，对于查封一类事很有经验。请您留下来完成查封吧！”索康死活要拉鲁留下。就这样，拉鲁和格桑司令、薛奎巴代本等不得不留下来。于是，索康和四品官夏格巴等人“迎请”热振活佛在前面先行，拉鲁等人留下来查封热振拉章及其他房间。索康和四品官夏格巴带领一部分官兵准备出发时，见热振大师的马鞍备在一匹青马上，索康脱口便说：“此鞍应为骡所备，不可备马。”就把这个马鞍换掉了。索康又补充说：“备在马上，在路途中马跑起来有被摔下的危险。”索康如此说，是备马常识还是一种弦外之音，暂且不得而知。但是索康自己先走，执意让拉鲁留下来查封热振寺，心里打小九九是明显的，无非是他自己不想落下查封、“洗劫”热振这一著名寺院的恶名。其实当时拉鲁可能也感觉到了这一点。

索康和夏格巴“迎请”热振大师先行出发后，噶伦拉鲁与格桑崔成司令、薛奎巴等查封完寺院，当天就住在热振寺。在热振寺并未另行留兵，为了防止封条被损，拉鲁把看护封条之事，详细托付于有一面之交的扎巴坚赞。此人为热振寺的老恰佐（司库）。拉鲁向恰佐交代："拉章的贵重物品都贴有封条，今后案子结束时，是物归原主，还是没收，现在还说不准。但是要保证封条绝不受损坏。"粮食、肉、酥油等都未加封条，由扎巴坚赞管理，按照原来的开支办法，仍旧为寺院和拉章内部支配。

热振大师兄弟土登坚赞的妻子慈央有个兄弟叫德绕益西。他在私下找拉鲁问："我们的去留怎么办？"次旺多吉答应他们家可以不查封，"但是，最好尽量将家里贵重物品都带上，马上离开这里。除今天之外，以后就保护不了你们了"。拉鲁之所以关照、帮助他们，是因为慈央是觉哲妻子朗杰之妹，拉鲁与觉哲早就很熟悉。拉鲁交代格桑崔成和薛奎巴，不要查封慈央家。下午，格桑崔成司令问拉鲁："慈央家为什么不查封？"拉鲁说："因为寺院与她家不是一回事，所以就不查封了。"当时拉鲁发现，格桑崔成虽然不是个很精明能干之人，然而站在摄政达扎活佛一边是坚定的。之后，慈央和德绕益西去拉萨避难。

当他们启程回拉萨时，发现索康等人没有直接回拉萨，而是在达隆寺等候拉鲁等人到达隆与他们会合。这时，他们接到噶厦的指令："你们在本月二十五日早晨 9 点钟去热振寺，没有打草惊蛇，派遣适量军队，突击进军，随后你们二位亲自出马，直插其住处，声称迎请，讲明情况，一举劝成，办理甚为得当。这里准备将热振安顿于布达拉宫夏钦角。关于你们进入拉萨所要经过的路线，对外要散布经过果拉山口或仲堆的舆论，并向该方向派出些军队，给人一种要从该地经过的假象，以掩人耳目。对内，实际路线是经过堆龙进入拉萨。原本打算就地管制喜德寺雍乃喇嘛，但是他于本月二十四日上午，托词说要去热振寺拉章译仓。实际上，他本人和膳食堪布都已不知去向，我们正在寻找中，也许他们确实暗地里已到达你们那里。请你们在那里进行搜查，务必缉拿归案。你们回拉萨不可白天进城，把握时间或早或晚，相机行事，但必须在来函中明确到达时间、经过路线，以便安排迎接事项。我们打算派出迎接之骑兵五十骑，步兵五十名。两位孝拜（莲足之意，即对噶伦的尊称）未回到拉萨前的数日之内，在禁止通往仲堆的每个地方都布置了扎细军营之兵各五十名，娘热普山前后各派兵十五名、巴热桥和艮莫峡道谷各十名。”噶厦的这次部署，堪称少有的细致、严密。

看过命令，索康便问拉鲁：“热振寺留没留守军?”听了拉鲁的回答，索康明显感到拉鲁不留兵看护寺庙封条不妥。索康又问：“雍乃喇嘛没去热振寺吗？要检查一下。为了保护热振寺拉章的查封事宜不被破坏，应即刻派出16名官兵去看护，快去办吧!”索康说完，随即就同拉鲁给噶厦写回信详细禀称：“喜德寺雍乃喇嘛主仆是否到过热振寺，经问询旁多谿堆（庄园主）查明，二十五日午饭时分，热振扎萨克的两个仆人经旁多离开热振寺。依此看来，雍乃喇嘛大概也经过该地逃走。为搜捕逃犯，保护暂时查封的热振寺拉章财产、物品，立即派出了16名扎细官兵。正如前面的报告所呈，卑职二人率领护卫军和卸任摄政热振于今天即二十六日顺利到达卡尔孜谿卡。关于返回拉萨的路线，按指示精神，一定加强戒备，提高警惕，付诸实施。现今，在怙主（指达赖喇嘛）及其下属的强有力关怀之下，谁人敢于做非分邪见之事？在无定的大道上，如出现邪恶之事，我等对胡作非为之敌，定当迎头痛击，彻底粉碎。希望及时指出对不分敌我的中间思想行为，进行识别和彻底消除的意见。另外迎请热振进入拉萨的路线是经过果拉山口，时间为明天即二十七日下午5时，到达夺底电站边。然后，经流沙河坝石桥，布达拉山后，经布达拉东大门到布达拉宫东阁楼，敬请适量安排迎接官兵。”

经过彭波果拉山口到达林布宗时，噶厦又下达新的情况通报说，色拉寺的一部分僧人纠集坏人杀死了色拉寺杰扎仓的堪布丹达尔主仆等人，并告诫沿途必须加强警戒。经索康与拉鲁商议，决定为热振活佛换上僧装，把同热振活佛一起带来的索本（膳食官）和森本（侍寝官）等三人全部交扎细军营管制。索康向拉鲁提出：“昨天，我在前面迎请卸任摄政热振。今天由拉鲁、格桑崔成司令、薛奎巴代本等人护送热振大师，由索康和夏格巴等人先行出发到色拉寺的大象山山口去阻断僧人来袭。”大家同意他的意见，于是索康等人率领部分官兵先行出发了。

与此同时，为了保证夺底大路的安全，向西部桂仓山一带派兵十名；向东部米琼山一带派兵十名。卸任摄政热振、拉鲁、格桑崔成、薛奎巴等人沿大路乘马列队前行。这时，向桂仓山行进的十名官兵，与色拉寺僧人遭遇，在交火中一名士兵阵亡。当拉鲁他们接近扎细军营时，扎细军营茹本格丹率领的一部分扎细军营官兵迎面驰援，其中有索康的弟弟代本拉旺多吉。当他发现索康没跟他们在一起，大惊失色，连忙跑到拉鲁跟前问：“我哥在哪里？”知道其哥去封锁大象山山口之后，他才放心地回军营去了。拉鲁他们到达扎细军营的北面大路一带时，色拉寺的许多僧人向他们冲过来，便立即遭到扎细军营房顶机枪的猛烈射击，僧人们不得不撤回寺院。于是拉鲁他们经流沙河坝从布达拉宫后山绕过来到达布达拉宫，随即将热振大师安置于夏钦角阁楼。

这时，噶伦索康早已到达布达拉宫，已经换上官服官帽，坐在布达拉宫德央厦内等候拉鲁他们。他们这些官员的家人也拿来亲人的官服官帽在等候他们。当时，拉鲁深感自己又上了索康的当，今天早晨，索康还豪言壮语说到大象山山口进行阻击。实际上他是在逃避危险，欺骗了拉鲁，拉鲁心中感觉不是滋味，便对索康说：“呀！您已经先到了？”索康满脸堆笑说：“我也刚到，已经为你们准备好了衣帽。”回答很不自然。拉鲁·次旺多吉回到家里与亲人团聚，一起聊天。他的老夫人央宗次仁讽刺、挖苦地说：“昨天，在热振寺遇到危险时，索康他先走了，把你留在后面；今天，这里有危险时，让你走在前面，他索康却留在后面逃避危险。这就跟阿古顿巴和珠古达陀的典故一模一样。”

噶厦对这次“迎请”热振活佛的第二代本（扎细军营）第一茹本阿南达瓦、第四茹本格桑、5 名甲本、13 名定本、236 名士兵等进行了奖励。甲本以上军官每人一条阿喜哈达，其余每人一条素喜哈达，官兵集体奖励 50 两藏银，分为 25 个小包；扎细军团第四茹本格桑功绩卓著，随后另行给予奖赏。颁奖仪式结束后，官兵们集体面向布达拉宫叩头。

随后，卸任摄政热振活佛在没有经过任何审讯的情况下，于1947年5月8日突然薨逝于夏钦角狱中。在此之前，4月23日热振寺的僧人把在热振寺看守封条的久本洛桑等16名扎细军营官兵全部杀害，5月11日携带大炮、机枪等重武器的藏军大部队（400人）武装占领热振寺（僧人已逃，寺里空无一人）。热振寺乃原噶当派母寺。这次事件使这座著名而富有的大寺被洗劫一空，变成一片废墟。卸任摄政热振活佛死因众说纷纭，尚无定论。

摄政达扎和卸任摄政热振之间的那场斗争，拉萨有街谣云：

山羊多此一举，
为虎去上垂胡。
老虎何等无耻，
猝然吃掉山羊。①

---

① 山羊意为热振，其名第一字谐音或者与山羊同音异义；老虎意指达扎，其名的第一音节为虎。这首街谣的大意是：热振想当然地把摄政之位拱手让给达扎，而达扎却不仅不还政于热振，反而无耻地害死热振。

第八章

履行总管职责

拉鲁·次旺多吉于藏历火狗年（1946）九月被任命为朵麦文武总管，藏历火猪年（1947）四月开始进行出发前的准备工作。摄政和噶厦批准了拉鲁提出的赴昌都随行官员名单[①]。决定将原昌都噶厦（朵麦总管公署俗称昌都噶厦）收发室的原噶伦侍卫官觉哲·久美多吉继续留任，决定从第二代本扎细军营中抽调一百名官兵组成警卫队，按照礼宾官土登列门的要求，由格桑任警卫队队长（格桑系摄政达扎活佛大管家的亲戚，平时脾气暴躁）。决定、任命工作人员及警卫人员，当马匹、驮畜、民夫等一切工作都准备就绪后，拉鲁与新任工作人员一起到布达拉宫日光殿向达赖喇嘛敬献曼扎、内库哈达，得到达赖喇嘛的摸顶加持、赐福后落座。接着依次赐予茶、

① 他们是：堪穷桑卡尔·土登顿月（门仲），四品官绰嘎武·班觉顿珠，朵麦粮务官员堪穷·洛追格桑、霍康色·索朗边巴；工作人员孜准·坚参平措、吞巴色·班觉旺久，雪仲（俗官）唐囊巴·索朗嘉措、玛加瓦·次旺久美、格杰巴·丹增多吉、桑林更巴·旺久杰布、诺杰巴·扎巴杰参、德索瓦·贡噶嘉措、丁元巴·次旺贡布、孔囊巴·达瓦旺久等十人，孜仲（僧官）十人。由噶仲仁岗巴·索朗班觉和噶仲门吉·强秋多吉（次旺多吉小兄弟）担任噶仲。

噶伦拉鲁·次旺多吉赴昌都兼任朵麦文武总管

甜米饭、油炸果子等。布达拉宫孜恰（司库，俗称管家）向拉鲁他们赠送了六甑茶、[①]一驮大米、一匹锦缎、一匹花氆氇、一条内库哈达、一条蒙古式蓝色哈达护身结。他们辞别达赖喇嘛后，到摄政达扎府邸辞别。之后又到噶厦辞别，与诸位噶伦相互敬献哈达后落座。噶伦们端出茶与甜米饭等招待，谈了些政务方面的事情。这时，仲

① 一甑茶等于 4 块大砖茶或者 16 块小砖茶。一般一长条竹编器茶等于一甑茶。

译钦莫群培土登和阿旺扎巴进来呈上一份盖有官印的履职证照，其内容是提出治理朵麦地区，应视其情况，如佛法施政，当张弛适度、恩威并举等。

次日，他们去拜谒乃琼护法神，求其保佑，乃琼护法神回赐了见面哈达、佛塔佛像和消灾祈祷仪式所用物品。之后，拜谒噶东护法神，求其保佑，回赐了见面哈达、金扳指，护法神谕：“行善积德，励精图治！”

正式离开拉萨的那天清晨，警卫队的一百名士兵来到拉鲁府，其中有十名叫作“吉噶”（古代军事术语，直译为“中营”，为古代遗俗）的士兵，其任务是从即日起，每天按起床、熄灯、启程三时鸣放火炮两三响。按照行军章程规定，这次启程的朵麦总管公署官兵的行李、辎重、粮草等，一概动员百姓服役运输。因拉鲁家大业大之故，这次与拉鲁·次旺多吉同行的有自己的总管、管家、听差、马夫、骡夫等二十多人；有乘马、乘骡二十多匹，驮骡三股（一股十匹）。当时，噶厦在白拉措库处（今拉萨老大桥附近）设灶饯行，搭建帐幕一顶、帐篷三顶。参加欢送的有政府官员扎萨克、台吉、孜本、拉章恰佐、四品官、色南巴、普通职员、普通俗官等。大家照排列顺序落座于帐内。献上酥油茶和甜米饭后，向总管拉鲁献哈达。布达拉宫膳房也送来油炸果子。各军营列队致敬、奏乐。之后，渡过拉洞先卡渡口，当晚下榻蔡公塘。一路上昼行夜宿，历经一月又十天，到达昌都时，前任朵麦总管公署的官员们前来迎接，互献哈达。随即列队前进。在离昌都寺不远处，前任朵麦总管宇妥·扎西顿珠隆重设灶迎接。昌都寺拉章、百姓等举行盛大的迎请招待活动。在拉鲁到达昌都的那一天，前任朵麦总管宇妥·扎西顿珠已从昌都寺的科尔钦扎仓楼顶的办公处搬到昌都印经院，拉鲁他们就下榻到前任总管办公处。除部分“吉噶”官兵留在拉鲁身边外，其余官兵都住到昌都原第九代本军营内。两位总管举行卸任和接任交接仪式后，卸任总管宇妥巴启程返回拉萨，拉鲁·次旺多吉正式莅任办公。他到任后，相继采取了以下新举措。

减轻百姓负担

朵麦总管主要管理朵麦地区文武大事。当然，对于新任总管拉鲁来说，当时朵麦社会局势和军事防卫问题越来越尖锐地摆在他的面前。于是，拉鲁首先召集文武官员开会就今后的施政措施，听取大家意见。针对百姓的乌拉差役负担繁重，特别是昌都地区近年旱灾非常严重，禾苗干枯，秋收无望，粮价正涨，百姓生活艰难，减轻民众负担刻不容缓等情况，制定了 6 条改进措施，并公之于众：

1. 以往，朵麦各处驻防人员及官员，公事再小也动辄派人马差役，给老百姓增加负担，并造成许多麻烦。为了避免此等问题再次发生，除了持有达赖喇嘛、摄政、噶厦及朵麦总管钤印之路条外，其余人员一律不得擅自派人马差役。

2. 释迦牟尼佛法精髓是使众生得到现时的幸福，实现永久的解脱，达到遍知的境界，因此，佛门僧众都应当严格遵守自己所信奉的佛教宗旨，为弘扬佛法，强化戒律，利益众生，加强各寺院彼此之间的团结，利乐众生，尽心尽职。

3. 根据所处地势和地理位置的不同，形成了卫、藏、康等不同的地域名称，其实其居民都是一样的藏族。因此只有千方百计地搞好团结，和睦相处之义务，并无互相辱骂、破坏团结之理由。

4. 按照前任朵麦总管、噶伦的规定，不论官职高低，在途中向百姓征派的马夫、伙夫等劳役不能超过三天。

5. 凡是山川河流上的珍稀动物，一律不得猎捕。

6. 实行报警驿使通行证制度。为各边界预先核发征召报警驿使的通行证数张，经核实用完后，再另行发放。若非紧急军事情况，可向各主管部门请示决定。

以后全地区严格执行这 6 项规定，6 个月后召集各地百姓代表和头人开会总结一次。他们一致反映，自执行新措施以来，征召马夫人役的数量比以往减少了四分之一，老百姓都众口称赞。特别是芒康地区，自执行新措施以来，老百姓的负担明显减轻，老百姓特派代表前来表示感谢。

重新部署防务

拉鲁·次旺多吉就任朵麦总管以后，对军队防务问题，作了新的部署。拉鲁先将军队部署为两部分：北面，在西藏地方与青海交界的色察宗驻防俄当（nga dang）第四团代本崔果瓦·欧珠多吉及其率领的500名官兵；在丁青宗驻防尕当（ga dang）第三团[①]代本穆甲瓦·才旺仁增及其率领的本军团一分部500名官兵；在类乌齐宗驻防佳当（ja dang）第七团代本普隆巴·扎巴才丹及其率领的500名官兵；在昌都本地驻防聂当（nya dang）第八团代本拉雅恰日巴·索朗旺久及其率领的500名官兵等；东面，在西藏地方与四川交界处的德格江达地区驻防尕当（ga dang）第三团代本噶尔琼巴·次仁顿珠率领的本军团二分部500名官兵；在芒康噶脱地方驻防嗒当（ta dang）第九团代本德格色·格桑旺堆及其率领的500名官兵；在贡觉地方驻防特当（tha dang）第十团代本夏强索巴·阿旺坚赞及其率领的500名官兵等。

因为驻防军队较多，如无足够的军饷，一旦发生事变，其结果很难预料。有鉴于此，总管公署官员召集会议商议：以往军需给养从拉萨长途运送，如果继续按原来的办法解决军需，既严重骚扰沿途百姓，又耗时月余，装粮口袋破烂不堪，粮食损耗巨大。故决定减少从拉萨运粮，采取以薪代秣，或者从昌都地区就地购买粮秣供给士兵等各种办法，解决军队粮饷。当然，这些都是临时筹措军需军饷的权宜之计，并非一劳永逸的万全之策。为此他们进行反复讨论分析，认为昌都地区每年只能收购粮食3500藏克，从商业方面征集的税款，也只是一些现金，因此军需军饷筹措方面仍然有许多困难，大家一致同意收购粮食，就地解决军需。适逢当年昌都地区粮

① 尕当第三军团是藏军主力，编制员额一千人，配两名代本军团长。

食丰收、粮价下跌，广大农村缺乏现金，商人们下农村，以商品换粮食，运到昌都，所以，商人手中存有大批粮食，他们也请求政府收购。于是他们决定就地收购粮食。但是，如果让昌都噶厦马上拿出粮款，将来账目上会遗留不少麻烦，况且现在总管手头又没有大量现金。所以，决定粮款由拉萨支付银票，从商人手中收购大批粮食，在拉萨兑付银票。开始每藏克粮食按 10 两藏银价格收购，以后，拟增加为每藏克粮食按 13 两藏银来收购，以储备军粮。当时拉萨方面对拉鲁等人的这一举措，出现了一些负面反应。不久，拉萨噶厦指示："照此办理则政府开支太大，应停止收购军粮。"这可能是噶厦采纳了扎细造币厂的意见。当然，这时拉鲁他们已经储备了一定数量的军粮，减轻了百姓运粮的负担，即便今后不再收购军粮，他们心里也踏实多了。

历任朵麦总管的驻地设在昌都寺科尔钦扎仓，工作人员的工作地点设在德巧扎仓。总管府的具体日常工作，主要由堪穷桑卡尔·土登顿月（门仲）和四品官绰嘎武·班觉顿珠两位负责办理，其他工作人员都在一起办公。而昌都的马匹驮畜差役总管，以前由昌都强巴林寺拉章恰佐担任。管理措施决定以后，派遣差役之事，也首先由拉章进行管理。当时，因为出现一些照顾情面的问题，所以拉章就请求西藏地方政府委派官员担任马匹驮畜差役总管。根据拉章的请求，总管拉鲁决定委派朵麦总管公署工作人员金中·坚赞平措和吞巴·班觉旺久两人担任该职。这对指挥和检查差役方面的工作发挥了很好的作用。

随着工作的开展，拉鲁·次旺多吉对总管的主要职责和日常工作感到越来越熟悉，思路越来越清晰。朵麦总管统管当地文武诸事，处理、解决百姓安危和纠纷等重要事务。

改善周边关系

为了搞好与西康省、四川省的关系，拉鲁委派康噶尔·索朗班觉携带信件和礼物去四川，并让其随身携带一些经商的资金。拉鲁交给他的任务有两项：一是给西康刘子谦（即刘文辉）送信和礼物，以谋求两地之安宁，彼此和睦相处；二是打通去四川的渠道，以经商筹措资金。同时，打探刘文辉的情况，研究四川地区情况及形势发展，及时将情况反馈昌都。

康噶尔初到西康时，未能及时报告情况。不久他了解到刘文辉笃信佛教，拜色拉寺麦扎仓的格西·阿旺朗杰为根本上师。于是康噶尔也到格西·阿旺朗杰尊前求佛，以便建立关系。他逐步了解到刘文辉的一些情况，并及时向拉鲁汇报，起到了很好的作用，特别是对于利用宗教关系来稳定两地有很大的好处。比如在格西·阿旺朗杰驻锡西康期间，边界上只发生一些小的麻烦，并且得以和平解决，避免了重大事件的发生。

在处理与青海之间的关系上，虽未与马步芳建立联系，但是，向青海玉树地区的头人派遣了使者白玛才旺，捎去一封信，说明拉鲁是朵麦地区的新任总管，希望彼此能和平相处，不应动用武力。并给白玛才旺一部分资金，让其在玉树经商，以筹措活动经费。白玛才旺在玉树与赵必武及其长子建立了关系，了解到许多情况，及时向总管汇报马步芳的动向和玉树的有关情况。

当时，各方向边界之中，青藏之间的边界危险性最大。次旺多吉认为青海马步芳非常凶残，青藏边界上一有风吹草动，小小的纠纷，他都不分青红皂白，马上就会派骑兵镇压。在过去历任朵麦总管期间，曾经发生过数次战乱。因此，次旺多吉特别关注这个方向。朵麦总管公署对青海方向的情报分析认为，青海马步芳有骑兵，行动非常之快，而昌都只有步兵，行动比较迟缓。但是，马步芳的后方支援是个软肋。在此附近有果洛江莫五部地区，该部落剽悍强壮，英勇善战，如与他们建立联系，战略上很有价值。据了解，果洛的阿穹、康甘与德格的夏格刀登之间的关系非常密切。夏格刀登是德格土司的家臣，平日住在德格的义隆地方。于是，拉鲁就派专人携带信件和礼物去义隆地方拜见夏格刀登，通过他与果洛江莫五部的5个头人建立了联系。根据拉鲁提出的计划，双方决定：如果马步芳派骑兵侵犯西藏地方，由果洛方面出兵阻截其后方运输线，彼此协同作战。在拉鲁任朵麦总管期间，与马步芳并没有发生过纠纷或者冲突。

在与云南交界处，以前未曾发生过战事，一直和睦相处，因而平时在边界未驻军队，由民兵、头人、官员等来管理边界事务，包括兼管征收盐税等事宜。因此，拉鲁委派帕邦卡寺恰佐赤列达杰任朵玛本兼盐税征稽官。此人精明干练，他派商人在云南省收集到不少情报。

在与云南交界处，有两股土匪，一股头目叫才纳洛桑，另一股头目叫卓东曲扎，其下还有个名叫多布居的小头目。这两股土匪经常拦路抢劫商人，而且还抢劫历任朵麦总管属下传送信件的信差，杀死信差，抢夺武器。为了防止此类事情再次发生，拉鲁一方面与他们进行联络，一方面为了商旅的安全，尤其是为了信差的安全，派人给这三个匪首送礼、捎信，希望他们停止对西藏地方信使的侵害，建立和睦相处的关系。自此，在拉鲁任朵麦总管期间，再未发生侵害西藏地方信使的情况。后来，匪首才纳洛桑和卓东曲扎两人，给总管回过信，匪首多布居还亲自到昌都拜见拉鲁，并送了礼物。拉鲁给他回赠了礼物，还请他吃饭。多布居在昌都经商月余，临行前他告诉拉鲁，土匪之间也有矛盾，互相猜忌，彼此杀戮，他回去后，也会有杀身之祸。自此以后，他在昌都管辖区内，未再行杀人越货之事。以前，仲译钦莫阿旺朗杰手下的商人曾在云南被土匪抢劫，但是他本人从未向拉鲁提起过此事，拉鲁也没有追问过。但是，昌都城里有人告诉多布居，过去阿旺朗杰的商人在云南境内被抢之事与你有关，听说朵麦总管要追究此事。多布居听后，惊慌失措，立即逃回云南。当他进入云南时，遭到早已埋伏在那里的人袭击。多布居及其随从 11 人无一人幸免。从此，云南边界的三股土匪中的一股被彻底消灭了。

化解与邦达·多布杰矛盾

邦达·多布杰因与西藏第八代本（相当于团长）打内战，[①]反对西藏地方政府，已无容身之地，便带领自己的手下逃到波柯地区，独霸一方，甚至扬言要进攻昌都。只因多布杰手下力量不足，他只好等羽翼丰满后再作打算。邦达·多布杰原本为十三世达赖喇嘛近侍土登贡培的同党，多布杰的哗变反叛起始于支援土登贡培的活动。拉鲁离开拉萨之前，邦达·多布杰的大哥邦达·洛桑央培特来请拉鲁多多关照其弟，并给邦达·多布杰带了两匹骡子和其他一些礼物。拉鲁到达昌都之后，派第九代本军营中的一名士兵，给邦达·多布杰送去其兄给他捎去的东西，同时也送去拉鲁给他的信件和礼物。从此，拉鲁与邦达·多布杰之间建立了良好的个人关系。邦达·多布杰后来回到拉萨。

① 十三世达赖喇嘛时期曾经任命芒康地区的邦达·多布杰为这个地区的民兵茹本，负责边界防务。他对达赖喇嘛和近侍土登贡培忠心耿耿。达赖喇嘛圆寂后，他对土登贡培被拘禁和流放极为不满。于木狗年（1934）十月，带领民兵哗变，夜袭芒康驻军代本诺杰囊巴的军营。那时，代本本人奉命前往察瓦毕托寺祭奠达赖喇嘛，不在军营。杀了甲本及士兵数人，抢走大炮、弹药以及私人财物，孜仲土登桑布也被俘监禁。而且多布杰及其兄长绕嘎联名发布了整个康区脱离噶厦的文告，但没人响应和支持。朵麦总管、代理噶伦詹东·久美嘉措立即从昌都调动军队去镇压，于是邦达兄弟只好带领一些民兵逃到金沙江以东的巴塘波柯地区。消息传到拉萨后，邦达仓长子洛桑央培的住宅被巡警包围，洛桑央培即将被逮捕时，属邦达仓福田的寺庙上层僧人向噶厦求情。因为查明洛桑央培和多布杰根本没有牵连，其祖父邦达·尼玛杰布和长子尼玛坚赞二人对噶厦一直忠心耿耿，先后多次效力，一度担任官商买办，洛桑央培又继续担任该职，故予以宽恕，让洛桑央培赔偿兄弟俩所抢劫的政府武器、弹药，以及代本等人的私人财物。

调处械斗事件

拉鲁到昌都的那年秋天，以德格夏格刀登和占颇拉杰为一方同以德格杰卡尔仓、沃玛仓、索姆仓为另一方之间产生了纠纷。为了调解这一纠纷，德格土司召集夏格刀登、占颇拉杰及其对立面首领索姆仓的代表前来德格。当占颇拉杰从金沙江东岸启程来德格时，索姆仓之子和卡尔朵格多带领一部分随从在途中设下埋伏，等待他的到来。占颇拉杰主仆20余骑行至金沙江边路口时，占颇拉杰有所警觉，将所部人马分为3组，拉开距离前进。前行组5骑顺利通过后，占颇拉杰亲率中心组7人在行进中遭到伏击。卡尔朵格多等人一齐开火射击，当即将中心组大部击毙，后续组闻声后撤。索姆仓之子和卡尔朵格多等人在检查现场时，一名躺在尸体中的伤员射杀了刚满20岁的索姆仓儿子。至此，情况突变，空气紧张。夏格刀登主仆随即进入义隆地区，而索姆仓主仆则落荒而逃，德格土司的调停计划也告失败。因夏格刀登一派的占颇拉杰被杀，夏格刀登正在加紧准备复仇之事。此时，德格西部总管兼德格驻军第三代本嘎尔琼·次仁顿珠向拉鲁报告称，卡尔朵格多属于金沙江西岸西藏地方辖区人，因此对整个朵麦地区的治安会带来很大危险，一旦在某处发生动乱，双方各处的后方军队势必支援各自的前方部队。在当时，德格土司管辖区包括金沙江东西两岸，德格地区的金沙江东部属西康管辖，德格的金沙江西部为西藏地方管辖区。德格土司辖区的动乱，必然波及整个康藏交界地区局势的稳定。

拉鲁对此考虑再三，决定召集有关人员开会认真商讨。会议一致认为，事件发生在西康管辖区之内，凶手卡尔朵格多畏罪潜逃，对方必定会对卡尔多的家园进行报复。为此，首先对卡尔朵格多之家进行查封，使对方不便插手。他们采取这种查封措施，不是贪图财物，而是为安全起见所必需的防护性举措。为了使卡尔朵格多之家属的生活不致因查封而造成困难，拉鲁决定委派卡尔朵格多的老相识、驻防德格江达之尕当第三军团的一个甲本去查封卡尔朵家，地方上也接受了此项决定。采取这样的措施，既避免造成朵麦总管偏袒卡尔朵格多的印象，夏格刀登也就无法对卡尔朵格多家实施报复。但是，后来又传闻，卡尔朵格多在金沙江西岸的盟友沃姆仓和江卡尔勾结起来企图进攻夏格仓，其主要策划者是德格西部总管公署的工作人员雅尔郭·拉杰。于是，他们就用和平手段将雅尔郭·拉杰叫到昌都软禁起来，不许其自由行动。一直到拉鲁卸任朵麦总管，都未让其离开昌都。过了一些时候，卡尔朵格多也自动到昌都投案自首，拉鲁也将其软禁起来。至此，双方纠纷暂告结束。但这场官司并没有从根本上得到解决。杰卡尔仓仍在研究报复的办法，不久昌都获得解放。

调解草场纠纷

贡觉地区的阿纳和兰穹两部落，经常因草场纠纷发生械斗杀人事件。历任朵麦总管都在发生草场纠纷后进行调解，或者做出裁决形成协议，但是总管卸任一走，纠纷双方就马上撕毁协议进行械斗。例如，前任朵麦总管宇妥也曾对这类案件作过裁决。但他一卸任，他们又撕毁协议，挑起械斗。拉鲁到任后，一面进行调查，一面思考一劳永逸的解决办法。拉鲁把双方头领叫来，郑重宣告，械斗一定要严厉查处！并让他们回去听候处理。拉鲁有意将这事放在一边，不予理睬，终于等来一个好机会。一天，竹桑昂曲林寺前世竹钦活佛的亲传弟子孜嘎尔活佛来昌都见拉鲁（竹钦密宗寺当时的活佛为拉鲁的兄弟）。[①] 孜嘎尔活佛过去与拉鲁过往密切，拉鲁便对活佛说：“贡觉地区阿纳和兰穹之间的纠纷，按照过去的经验，即使现在加以处理，将来也还会反复。你们可否认真讨论一下，提出一个解决的办法。”孜嘎尔活佛回到贡觉后，召集当地的其他活佛进行讨论，将双方当事人叫到一起进行调解、商讨，成功解决了纠纷。此后，调解人和双方当事人联名向总管公署呈送报告。报告称，经内部进行调解，达成谅解。拉鲁作出“可按此办理”的批复，从此，一劳永逸地解决了这起部落草场纠纷。

当然，说一劳永逸只是就拉鲁任总管期间而言，贡觉三岩地区草场纠纷和械斗是个顽症，噶厦甚至多次用兵，真正一劳永逸的解决谈何容易！

---

① 《第一前藏人物》载：“竹巴江工系老龙夏（已死）之子，年二十余岁。为不丹一大活佛，被称为竹巴江工。近不丹王眼瞎，由他代掌职权。”竹巴噶举派是噶举派八支系之一。不丹因崇信该教派也称竹巴。当时竹钦密宗寺大活佛竹巴降衮，应是龙夏·多吉次杰之子，拉鲁·次旺多吉的兄弟。至于在龙夏子女中排行第几则不得而知。

新建总管公署

因为第一任朵麦总管是噶伦喇嘛强巴丹达，[①] 他临时将朵麦总管公署设于昌都强巴林寺的科钦扎仓，在德木曲扎仓设工作人员办公室。历任朵麦总管都沿袭前例，拉鲁上任后也是如此，未曾产生过搬迁念头。藏历土鼠年（1948），昌都寺名声显赫的格西强巴塔耶大师，在昌都寺院大经堂举行有3000余名僧俗参加的《菩提道次第论》（中论）讲授大法会上说："俗人在寺院过夜，罪孽深重。关于这类罪过在经藏、律藏中都有阐述。"当时拉鲁听到后，感到自己作为俗官，拖儿带女，常住寺院之内，同时，朵麦总管卫队及其家属也都随总管驻扎寺院，而且早晚还吹起床、熄灯号即鸣炮等，这些都与寺规相悖，非常不应该，必须将公署搬出寺院，另建新房是刻不容缓的大事。有鉴于此，拉鲁着手勘察地址，最后选定昌都平原昂曲河西的司托塘。建筑工人不另行摊派，由第八代本驻防昌都的官兵中抽调，并委派一名茹本为营建指挥。普通军工每人每月增加一藏克粮食。朵麦总管公署、住房、工作人员办公处、弹药库等建筑竣工后，立即从寺院搬入司托塘，将寺院房产物归原主。

① 强巴丹达1912—1922年任噶伦，其中1918—1922年兼任朵基，1922年逝世于昌都任上。朵基即朵麦基巧，强巴丹达把公署从类乌齐迁到昌都后，俗称昌都基巧，其实即朵麦总管。

核定僧茶开销

昌都强巴林寺戒律森严，佛法兴隆。昌都寺主十世帕巴拉时期在寺内成立了法相院，迎请格西强巴塔耶大师任法相师，宣讲佛法，祈愿宣讲、听闻五部大论之气氛发扬光大。以显密结合、护持、弘扬、教证佛法来教诲僧众，严守道德戒律，使僧众之戒律更为严明，使讲经、修行、教诲、听闻各方面都得到很大发展。但是，当时昌都寺每年缺少三个月的例茶资金，一部分僧人因为生活费用无着落，不得不中断诵经，各自回家糊口，致使学戒、法行各方面都受到影响和损失。格西强巴塔耶大师对此于心不忍，向拉鲁详细陈述僧众的清苦情况，并郑重提出请求政府增拨全年例茶基金。拉鲁本人也满口答应按大师要求去争取。但是，寺院全年例茶基金涉及较大的财政开支问题，因此拉鲁与颇本（管理粮秣薪金的官员）堪穷洛追格桑、霍尔康·索朗边巴、主管人员堪穷桑卡尔、四品官卓噶武等人商讨研究解决的方法。经过仔细商讨后认为，噶厦开支量大，各种经常性和临时政教费用都捉襟见肘，决定先由朵麦总管公署粮站统计经忏费所需粮食。经粮站详细核算，政教经忏支出经费总计似乎可以补足昌都寺两千僧人全年例茶经费。因此，他们再次开会决定，今后政教经忏经费不再另行筹措，凡是经忏的开支一律登记造册，由昌都寺统一管理，寺内例茶不足部分由政府补贴，全年例茶得到保障，对政府和寺院都有好处。报请噶厦转呈摄政达扎活佛，得到“此事可办”的指示后，立即按支付全年例茶经费办理，并成立了试行机构，政府在两年内每日供应两次茶饭，并打算设立例茶基金。自此，昌都寺的僧众有了全年例茶，不再需要到农村化缘；政府的大小政教经忏，例如诵读《甘珠尔》一遍、诵读《度母经》十万遍等，则由昌都寺经办，将经办结果报请总管公署审批。

设立昌都电报站

过去昌都向拉萨报告情况、拉萨向昌都下达命令，都靠驿使传递，从朵麦总管公署的一百名卫兵中选派信使。由昌都到拉萨，驿使乘马，不分昼夜疾驶，需要九至十天。遇到紧急情况，不能及时请示汇报和接受指令，而且这对沿途老百姓的骚扰也大。为此，拉鲁向噶厦提出昌都与拉萨之间建立电报局、培养藏族报务员的建议。其实，噶厦早已在谋划和筹措。

噶厦回信指示："拉萨至昌都之间不能及时传递消息，我们也感到很头痛。购买电讯设备之事，我们已经通过德吉林卡（当时为英国驻拉萨代办处所在地）联系好。暂时找不到会架设电台、收发电报的藏族青年，先派去住在拉萨的英国人颇萨布和住在昌都的英国人福特（也叫福扎），暂时让他们工作，以后由他们再培养藏族青年。另外，我们也在锡金和印度等地方寻找能胜任收发电报的藏族青年。"

不久，英国人福特和一名有仲多（drung gtogs，相当于俗官仲科）头衔的原廓尔喀学校学员来到昌都任译电员，收发报机等机器设备也都相继运到。电报局设在昌都东边一个叫作姜噶尔的地方，该地原为历任朵麦总管的休闲娱乐场所。同时，拉萨噶厦派驿使送来密码本，要求如遇重要事情，按密码发报，另一本密码本由噶厦保存。由英国人福特架设电台和收发电报。由于不能一人收发密电，故令四品官卓噶武瓦负责此事，其他任何人都不能插手，以保证保密制度的严格执行。从此，凡是收发电报，先由卓噶武瓦译出密码由拉鲁签字后，交福特发出，发报人则不知电报内容。也就是英国人只管收发电报，不接触密码译电。

如果商人和其他老百姓要发电报，则可用大家都懂的藏文码子发报。这些事都由仲多等两名廓尔喀学校学员将文字译成电码发拍。为了以后由藏族青年收发电报，不久从拉萨派来顿月、旺札、索朗多吉和索朗觉丹等 4 名藏族青年。他们出生于锡金或噶伦堡，都懂英语，留下来当福特的学生，以便学成后由藏族青年来承担收发电报工作。

与此同时，拉萨和昌都之间也建立了无线电话。这种电话不是现在放在桌子上的那种方便电话，而是在话筒中说话，收音机里收听。这种电话，任何人都可使用，每五分钟收费 5 两银子，对商人非常适用、方便。

执行紧急密令，加强边界防务

藏历土牛年（1949）7 月 8 日，噶厦通过噶伦堡电台通知国民党政府及其驻拉萨办事处：作为防止赤化的必要措施，决定请彼等及其眷属立即准备离藏返回。就在同一天，噶厦的 3 位噶伦和基巧堪布会见国民政府蒙藏委员会驻藏办事处处长陈锡章。首席噶伦然巴说："国共内战打得厉害，国民党在哪里共产党就追到哪里。为避免在藏国民党官员把解放军招引进来，西藏地方官员大会决定：西藏地方政府与国民政府暂时断绝政治关系，请国民政府驻藏办事处人员两周内离藏赴印，转道返回。"随后，大批手持英式枪械的官兵，包围了国民政府驻藏办事处，电台被查封，学校被关闭，测候所被占领，那些"共产党汉人"嫌疑人员更是依照秘密名单被一一拘留。国民党驻藏机构的官员眷属和其他200多名在藏人员，于7月11日、17日、20日分3批被驱逐出西藏，送往印度，再经海路返回。

藏历土牛年（1949），拉鲁接到拉萨噶厦的密电："今年要驱逐在拉萨的所有国民党工作人员。在你们昌都除汉商外，也要驱逐国民党的工作人员，特别是国民党的左仁委员、西康刘子谦（刘文辉）在昌都的所谓修建'尊胜塔'办事员傅师仲等人。"并且还提出了其他被驱逐人员的具体名单。由于事关重大，拉鲁没有立即执行。因为朵麦与西康等省交界，如果仓促执行命令，难免不出问题，不如先看拉萨是否能顺利地进行此事。所以，拖延了一周后，拉鲁才向拉萨噶厦发密电，询问拉萨地区"驱汉"行动的进展情况。

拉萨回电称："拉萨驱汉之事，业已告成，你处如未开始，应立即执行，刻不容缓。"于是，拉鲁立即召集朵麦总管公署之堪穷桑卡尔瓦·洛桑顿月和四品官卓噶武瓦，传达电报内容，商议昌都"驱汉"事宜。他们三人一致认为：昌都地区的汉人，每逢节日都请拉鲁他们赴宴，成为知己，应该把他们请来，当面说清这件事。于是派人将国民党的左仁委员请来。拉鲁向左委员传达噶厦电示和拉萨“驱汉”情况并告诉他：“在昌都的你们（国民党人）也得返回。这是政治上的事情，我们不能不执行。你们只能返回。过去我们的关系比较好，这次是不得已而为之。但我们会安全地护送你们到四川边界，这点你们不用担心，我们要尽力帮助你们，请尽快启程。”左仁委员听后，大惊失色。他问明天做准备，后天出发如何？拉鲁同意了他的请求。他随即回去做离开的准备。总管公署为他准备了驮马和护送的士兵，按时送左仁委员他们离开了。之后，又如此向刘子谦的工作人员傅师仲宣布噶厦的电令。傅师仲的藏话讲得很流利，也不大紧张。他说：“基本上同意返回，但是还有一些事情需要办理，请宽限三天。”傅师仲不愿同左仁委员一起走，拉鲁同意了他的请求，并派士兵和马匹，将傅师仲也护送到四川交界地方。临行前，拉鲁送他们一些离别赠品。这样，依令遣返工作，就顺利完成了。接着他们就给拉萨噶厦发电报，汇报昌都驱走左仁委员等的情况。傅师仲后来到陕西咸阳西藏公学、西藏民族学院藏文系当教授，曾首次翻译藏戏剧本《文成公主》。

藏历土牛年（1949）下半年有消息说，共产党不但解放了全国大部分地方，而且在几天之内将马步芳打败，解放青海，马步芳也逃到台湾。同时接到拉萨噶厦的密电：“共产党不但解放了全国大部，近日又解放了青海。如果马步芳的残余骑兵逃向西藏，而我们不马上将其截住，解放军定会尾随而来。因此，必须加强北部边界的驻防军队。”但是，当时在这个方向没有部署更多的正规部队，拉鲁就立即按照过去征召民兵的文书要求，向昌都地区广大宗谿发布征召民兵的命令。对于征召民兵，拉鲁当时考虑：一是征召大批民兵，令其长期服役，则财力不允许，军饷肯定会遇到困难。即使军饷可筹，不仅会增加公费，也会增加百姓负担。相比之下，较为可行的办法是，各宗谿按照征兵文书规定的应征民兵之员额，不折不扣地登记注册，但不立即召集，不立即发放军饷，坚持备战，随时待命应征，奔赴前线；二是做好筹饷备粮等一切应急工作，一有情况，就能立即动员征召，形成所需战斗力。

后来，马步芳的残兵败将并未向西藏方向逃窜。而玉树地区则来了一位解放军的罗代表（音译）。据说，此人原先是国民党工作人员，为共产党立了功，加入了解放军。当时，在与青海、四川、云南等省交界处驻防军队和盐税征稽员等，都及时派驿使将边界情况向昌都汇报，拉鲁亦天天向拉萨噶厦发报汇报情况。

有一次，拉萨噶厦发来电报：“从昌都电告边界及三省情况收悉。但是，情报迟延一两天就成旧闻。因此，要在青海玉树交界之当脱地方设立电台，报务员可从以前培养的 4 人中抽派，使情报立即通达。”根据此电，拉鲁他们从 4 名青年报务员中，抽派技术较好的顿月和旺扎两人为报务员，并委派廓尔喀学校毕业生仲多负责电台工作，兼任译电员。在西藏所属境内丹玛地域的当脱设立据点，收集青海玉树等方面的情报，并及时上报昌都。不久，电台遭到解放军骑兵部队（范明骑兵支队一部）的夜袭，当脱之电报突然中断，拉鲁他们认为可能是机器发生了故障，或者发生了严重的事变，便派人去调查。中途碰上从当脱派来汇报情况的人，于是两人一同回到昌都汇报说：“在当脱设立电台不久被青海玉树方面的解放军发现。一天，青海玉树的新官罗代表，突然率领骑兵60余人来到当脱电台，抓走两名报务员，并运走了电台器材。电台负责人仲多藏了起来，幸免于难”，等等。听到这一严重情况，拉鲁他们十分惊慌，担心从青海玉树方向派大批骑兵来发动战争。过去在丹玛地区澜沧江东西两岸青藏交界处，青海马步芳军与藏军之间曾经发生过小规模冲突。当时，双方通过协商达成协议，在丹玛地区澜沧江东西两岸双方都不驻军。因此，在这个地区，西藏方面只驻有执行行政任务的工作人员，而未驻一兵一卒。发生抓走藏方报务人员之情况后，拉鲁立即在昌都调集了军队，并且召集昌都公署的官员商议，决定：向所属各宗豁发布命令，立即在全地区征召民兵5000人，分别派到川藏、青藏、滇藏等交界处，支援三处驻军。各地民兵由各地指定一人统领。另外，针对玉树方向，将各宗豁中民兵人数较多的硕般多、边坝和洛隆宗的500多名民兵，由雪仲桑林根巴·旺久杰布指挥；波密地区的600多名民兵，由雪仲玛恰循巴·次旺居美指挥；察雅地区的500名民兵，由孜仲勒参巴·鲁珠朗杰指挥。在当脱他们失去了报务员和电台器材，为了收回他们的人和器材，为了报复，朵麦总管主要官员经过认真讨论，就进攻青海玉树的问题，请示拉萨噶厦。据说，拉鲁曾在格西强巴塔耶灵塔前问卜，得到“以攻为好，日期以七月初为佳”的卜示。于是，经与类乌齐和囊谦地区一些老官员商定，首先于七月二日反攻玉树。拉萨噶厦复电称：“可以进军，但是先要做好准备，搜集对方情报，做到心中有数。”为此，拉鲁与总管公署官员堪穷桑卡尔瓦、四品官绰嘎武、类乌齐恰佐·次扎（恰佐·次扎是一位熟悉青海玉树即囊谦地区情况的知识分子）等本地老官员，秘密商讨进军青海囊谦的问题。经过较长时间的准备工作，拉鲁向拉萨噶厦发电呈报作战方案，表明他们已准备就绪，请示可否进攻玉树。噶厦回电称：“得手后，如有把握固守则可进兵，否则仍需研究。”拉鲁明显感到了噶厦内部有不同声音。

拉鲁考虑再三，心想到藏历铁虎年（1950）秋季，自己朵麦总管的任期即满，如果不能速战速决，当新任总管上任之时，自己卸任一走了之，则有可能留下挑起战争之嫌。当然，这时拉鲁也很可能已经了解新任总管人选及其对时局的态度。所以，他们4人商议后，决定撤销备战和进军青海玉树的计划。当时拉鲁也有可能担心自己如果陷入征战事务，影响总管按时换届和返回拉萨。

藏历铁虎年上半年，解放军到达金沙江对岸丹卓玛寺一带，拉鲁及时向拉萨噶厦报告了情况。拉萨回电，藏方防守部队，应向金沙江岸边邓科曲库寺地区逼近。因此，总管命令以前派往丁青地区守备的第三代本的第一分部及代本穆嘉瓦·次旺仁增、代理茹本布康巴（也称毕岗巴）等，即刻前往邓柯。同时增派了硕般多、达宗、洛隆三地区的民兵。代本穆嘉瓦和代理茹本布康巴带领军队进发，临近邓科曲阔尔寺时，该寺的两名僧人代表向他们敬献哈达，并招待和慰问了他们。僧人代表走后，官兵们正在等候吃早饭时，驮运弹药的马帮相继到达。打发马帮走后，士兵们仍在搬运弹药。此时从丹卓玛寺地区出发的解放军前哨部队，已经到达金沙江西岸，与刚返回的运输马帮遭遇。当时，解放军向他们询问“土匪”之去向，但因语言不通，他们惊恐万状。第三代本的官兵听到在吃早饭的地方丢失了驮运弹药的谣言。布康巴生性骄矜，立即挑选精干士兵和骑兵冲向那里。由于情况紧急，来不及摘掉马的铃铛，因而铃声当当、马蹄声声，猝然遭遇，双方来不及互问情况，与解放军首次交火，发生了小规模武装冲突事件。此后，解放军指挥员将详细情况写信通报藏方，所以，此后的一段时间，双方各自守土，相安无事。

和谈使者格达活佛

藏历铁虎年（1950）六月，拉鲁在昌都收到了格达活佛为中央和西藏地方政府就和谈事宜，即将来昌都的信件。他从甘孜出发已经到达岗托渡口。当时金沙江沿岸由驻军严加防守，不让任何人通行。就可否放行格达活佛及其随行人员一事，渡口驻军向昌都请示。因为拉鲁和格达活佛早就认识，并常有书信往来，所以拉鲁回复说：“格达活佛无论有多少随行人员都可放行。”于是格达活佛及其随行人员等，于藏历六月抵达昌都，住昌都玛塘。

格达活佛到达昌都的当天就提出要和拉鲁见面。他们就在拉鲁住地司托塘会面。稍加寒暄后，格达活佛说：“解放军已经决定进军西藏，我先来进行和谈。解放军进藏无论如何都无法阻挡。如果和谈不成，就要强行进军，那样就不大好了，就会生灵涂炭。”拉鲁问格达活佛："你我之间彼此都很熟识，关系很密切，但是你和解放军之间关系真的很好吗？"格达活佛说："我和解放军之间关系很深，早在红军长征的时候就已经有了联系，尤其是和朱德总司令关系很好。西藏无论如何也要解放，这已经是定了的，我很担心。我曾去宗萨钦泽活佛处占卜，卦示说现在昌都已经出现凶兆，必须马上修一座佛塔，举行一些佛事活动加以禳解。这事需要立即进行。"[①]他又说："解放军委托我提出三条，这就是：一、承认西藏是中国领土。二、边防由解放军驻守。三、西藏地方政府要同帝国主义断绝一切联系。除此之外的所有事务，均可由西藏地方政府自行处理。如能接受这三条，就可以通过和平途径来解决。"拉鲁向格达活佛表示："能和谈再好不过了。一旦打起仗来，首当其冲的是我，我将会陷入困难境地。因此，能和谈对彼此都有好处。但是在未向拉萨噶厦报告以前，我是决定不了的。"于是，拉鲁立即将解放军提出的三个条件和是否接受这三条的请示电告摄政和噶厦，并强调情况紧急，请从速电示。拉萨回电说："和谈事关重大，要在'西藏全会'上进行讨论。"虽然在拉萨召开了扩大会，但是会上一部分人主张和谈，另一部分人则主张马上和谈不妥，先考虑一下再说，等等，没有取得一致的意见。此后又来电说："此事要稍缓一下，现在会上尚未作出决定。"

这样拖延了半个多月。这时格达活佛的住地虽然从昌都玛塘搬

① 拉鲁后来遵照宗萨钦泽活佛指示进行了一些佛事活动，但是建造佛塔之事未及着手。

到昌都江嘎地方，但是与拉鲁之间每天都有联系。他们之间的联络员是拉鲁的哥哥恰巴如索·旺钦玉拉。拉鲁本来打算一接到噶厦指示后，马上转告格达活佛，但是噶厦一直没有明确的答复。有一天格达活佛说："这样拖延时间不好。不久前解放军决定要进军昌都，是我提出和谈请求后才答应暂缓进军的。现在已经过了半个多月，还没有一个明确的答复，我到昌都也将近一个月了。因此，我想亲自到拉萨去谈，阁下以为如何？"拉鲁回答道："您亲自到拉萨去谈当然很好。"于是，拉鲁电告拉萨噶厦："格达活佛要到拉萨去谈，是否让他前往，请指示。"回电："请转告格达活佛，现在正在开会，尚未作出决定，决定一经作出马上会告诉他。他不宜来拉萨，也不要回去，请他暂时住在昌都。"拉鲁把回电内容详细转告格达活佛，活佛说："现在已到了很危险的时候，我请求暂缓进军的时限只有一个半月，到时候一切都完了。"拉鲁问："为什么要这样急着解放西藏呢？"他说："解放西藏是毛主席和斯大林商定的，是得到苏联支持的。所以要快速解放西藏。"过去格达活佛和摄政达扎活佛之间不仅有师徒关系，在宗教方面关系也很亲密。他奔走和谈事宜是为了不使佛教受到伤害，也是遵照中央统一祖国的愿望。但是拉萨噶厦在回电中一再用尚未决定之类的托词拖延时间。拉鲁又致电噶厦说："这样拖延下去，会有很大的危险！"这个电报一发出，噶伦索康立即给拉鲁发来密电说："如能让格达活佛在昌都多住一些时间很有好处。在此期间，如果解放军突然发动进攻，我们的大部分军队都在这一地区，可以进行抵抗。万一失败了，还可以马上通过格达活佛进行和谈。”而拉鲁却认为这是很危险的，也很难办到。当时格达活佛自己也直接给摄政达扎活佛发去了电报。

摄政达扎活佛曾对噶厦说：“这件事关系重大，不仅大家要认真讨论，还要向达赖喇嘛报告。我已年老，对这件事也没有更好的解决办法，要完全由你们来讨论决定。”但是，这个问题在官员中形成了两派，无法作出决定。当时有一个名叫哈勒的德国人（《西藏七年》作者）对噶伦索康等人说：“解放军提出和谈的三个条件，特别是第一条，即要承认西藏是中国的领土。如果承认了这一条，后两条承认与否并无多大的区别。”官员们听了都很吃惊。其间拉鲁觉得很难熬，问格达活佛：“现在拉萨噶厦没有一个明确的答复，而时间一天天拖下去，如何是好？”有一天格达活佛把打算写给解放军的一封信的底稿，通过拉鲁的哥哥恰巴如索转交给拉鲁，询问拉鲁的意见。信的中心内容是：“现在我在昌都正在进行和谈事宜。摄政达扎和朵麦总管拉鲁两人都有和谈的愿望。因此，请把进军的时间再往后推一下，一旦谈好，我即返回。”拉鲁随即回复，认为：“信的基本内容写得很好。请求把进军的时间稍后推一下，在此期间争取开始和谈。但是信中提到我和摄政达扎活佛的名字有些欠妥。达扎活佛是西藏的摄政，写他的名字当然无妨，请把我的名字删掉。如果信中写上‘拉鲁愿意和谈’等话日后传出去，对我个人有很大的危险。进军的时间如能后推一下，很有好处。”格达活佛本来打算把信誊清后马上寄走，但还未来得及誊清就病倒了。后来拉鲁回忆说：“他开始好像是感冒，以后越来越重。一天病情突然恶化，当天夜里就去世了。”

拉鲁听到格达活佛去世的噩耗后，立即给拉萨发电报，报告了格达活佛病逝的消息。噶厦回电说：“对他的去世深表哀悼，但也别无他法。现在要处理好后事，并竭力帮助他的随从人员。”根据来电的内容拉鲁向格达活佛的管家和随从人员谈了处理好善后等有关事宜。当遗体火化等所有善后工作处理完毕后，格达活佛的管家和随从人员以及古布龙群则等人提出要去拉萨。根据他们的要求，拉鲁给他们发了通行证，并派兵护送他们去拉萨。临行前，拉鲁对格达活佛的管家说，他需要格达活佛准备写给解放军的那封信的底稿。管家就把底稿交给了拉鲁。据《拉鲁回忆录》讲，这个底稿和其他重要文件一起一直保存在丹吉林拉鲁公馆的箱子里，直到藏历土猪年（1959）同其他财物一起被查封没收。

第九章

后总管的特殊使命

藏历铁虎年（1950）八月初，朵麦新总管阿沛·阿旺晋美即将到任，拉鲁就从新总管官邸搬到了昌都森格宗。新总管到来时举行了盛大的欢迎仪式，并住进了前年在司托塘新修建的总管官邸。新总管阿沛一到任就立即进行了交接仪式。交接后，由新旧总管联名向拉萨噶厦作了汇报。噶厦回电称："新总管既已到任，前总管即可返回。"

总管卸任返程

拉鲁在返回拉萨之前便设宴为噶伦阿沛接风洗尘，阿沛也设宴为拉鲁饯行送别。因为新总管阿沛来昌都时只带有知宾、秘书和侍卫，所以总管公署原有的工作人员差不多都需要留在昌都。这时新总管的侍卫官对拉鲁说："这次来昌都时所带的卫兵大都是一些新手，没有经验。为了加强警卫工作，请从您的卫兵中挑选一些精干人员，来加强和补充新任总管卫队。"拉鲁满口答应道："新总管要留住昌都，工作非常重要，而我只是在返回拉萨沿途中护卫安全就行了，留卫兵完全没问题。”于是从拉鲁的卫兵中留下了一名老定本（相当于排长）和25名士兵。拉鲁还让其他卫兵每人只留下一支手枪，其他轻重机枪等武器全部交回昌都武器库。拉鲁等收拾好行装，带领部分侍从即将从昌都出发的时候，根据新总管安排，所有工作人员都来送行。同样，昌都寺庙的僧众不仅在道路两旁排起了仪仗队，为拉鲁等举行了盛大的送行仪式，而且寺庙的一部分执事还特地陪送拉鲁走了两天的路程。对此拉鲁感到非常高兴。

返程路上大约走了7天就到达洛隆宗。这时士兵们的口粮糌粑已经吃完，提出要在这里休息几天，以便准备路上的干粮。拉鲁从昌都出发时，带有一部发报机和一个名叫哈米士的回族报务员，每天都向拉萨噶厦发3次电报，也同昌都发报联系。就在这时收到了新任总管阿沛从昌都发来的电报，电报中说：“解放军已经到达岗托渡口和察瓦绒等地区，情况很危急。”拉鲁回电：“为了填补你我之间地理上的间隙，要立即向昌都的后方瓦果、玛日和夏叶地区派去一个代本的部队，配5挺重机枪。”（实际上没有来得及派出）一天，昌都电报突然中断，同时拉萨噶厦来电询问：“昌都的电报已中断，不知发生了什么情况?”拉鲁回电：“我们这里也与昌都失去联系，准备马上派人去打探。”于是拉鲁就选派了几名士兵，身着西康人的服装前去探听消息。他们刚走到拉贡安达（恩达）地区就听到昌都已经被解放军占领的消息，马上返回向拉鲁报告。与此同时，拉鲁接到了八宿宗功德林寺管家维色嘉的信件，了解到昌都已经解放的详细情况。拉鲁立即把上述情况电告拉萨噶厦，并从洛隆宗出发去硕般多，每天都把沿途所见所闻和到达的地点电告拉萨噶厦。拉鲁他们初到硕般多地区时还比较安定，当地官员也盛情地接待了他们。他们本打算在这里住两天再出发，但是到了第二天晚上，第七代本扎萨克普隆巴从失守的类乌齐地区来到这里，同时洛隆等地区的盐税管理人员也接二连三地来到这里。所以，昌都解放的消息就在硕般多传开了。当天晚上 10 点钟左右，忽然有人大声喊，汉人来了！拉鲁出去一看，房东两口子和一部分老百姓都逃走了。于是他把这里的随从人员集合起来讲："今晚的事不知是真的，还是坏人有意制造恐慌，情况不明，大家要随时准备好。"这时虽然已经知道沿着大路不见有解放军来，但是，是否从北路来还不大清楚。北路有一个渡口，拉鲁派了一名定本（协俄）带 10 名骑兵前去打探消息，他们也做了进一步的准备，一直等到天亮。他们原打算就此出发，不料派去打探消息的人还没有回来。于是拉鲁让家属和孩子先走，其余的人组成了一支精干的队伍，等待出去探听消息的人。就在这时，定本和 10 名骑兵回来报告说，北路渡口未发现任何异常情况。到这时他们才知道原来昨天晚上是一场虚惊。拉鲁立即向拉萨噶厦报告，他们已从硕般多出发去边坝（也叫达宗）。

中途临危受命

刚刚到达边坝宗，就接到拉萨噶厦派专人送来的命令："昌都虽已失守，但是为了保卫这一地区，暂时仍由你担任朵麦总管之职。”于是，拉鲁向扎萨克代本普隆巴·扎巴才丹询问了类乌齐的情况。据他讲，解放军到达类乌齐时他们就逃跑了，他骑马先到这里，士兵们都跑散了。此后扎萨克和士兵们都带着武器陆续回到洛隆。考虑到对这些士兵如果放任不管，就有可能发生抢劫老百姓的危险。拉鲁告诉代本普隆巴：“如果对这些士兵放任不管，就会抢劫老百姓财物，这不好。你去把这些士兵收编起来。我朵麦总管的任期虽然已满，但是现在噶厦又要我暂时担任朵麦总管，恐怕一时回不去了。”普隆巴说：“现在时局很乱，恐怕士兵们不仅不听指挥，就连性命都有危险。”拉鲁告诉他：“你说的是实情，不怪你。再说明白一点，现在我已经决定必须把这些失散的士兵收编组织起来，请你考虑。你现在只有两种选择：一是把失散的士兵再召集起来继续指挥；二是你既然先跑了回来，那就直接去拉萨。如果到了拉萨，噶厦追究起来，你的代本职位怕是保不住了。你要是想继续当代本，最好是留在这里把失散的士兵召集起来。”普隆巴代本说，他回去和家人商量一下。第二天他到拉鲁住处说：“现在我决定去召集失散的士兵。但是，我担心一个人去有生命危险，请给我派一个帮手。”于是，拉鲁就去问从洛隆等地区跑回到这里的盐税官，他们都表示不愿意去。因此，拉鲁只好去问自己的贴身警卫、哥哥恰巴如索·旺钦玉拉：“本来你是我的贴身保卫人员，时刻都不能离开我。这次你就去当普隆巴的帮手好吗？”恰巴如索说：“我本来没有什么能耐，如果这次能对普隆巴有所帮助，我可以去。”倘若失散的士兵放任不管，不仅是代本普隆巴，就连拉鲁也要被追责。

代本普隆巴和拉鲁的哥哥恰巴如索临行前，拉鲁叮嘱他们：“你们二人到洛隆把失散士兵召集起来后，要派一部分人好好把守夏牙桥。为了便于检查过往行人，不使大队人马过河，桥上的横木除留一两根以外，其余的都要拆除。如果桥那边有情况，赶快写信报告，并把储存在洛隆的弹药运到后方。”他们两人从边坝出发去洛隆的同时，拉鲁也离开边坝去拉日郭（嘉黎）地区，到了那里就得到洛隆已失守的消息。拉鲁马上派人去打探。派去的人在半路上碰到相识的老百姓说：“洛隆已经失守，普隆巴已被俘。”恰巴如索已去硕般多北边的渡口。这次他虽然穿着老百姓的衣服，但老百姓从他镶的金牙可以肯定他就是恰巴如索。他可能已经过河去了北路。派去探听消息的人把上述情况写信送到拉鲁住地拉日郭。拉鲁立即派了三个士兵到嘉端一带去寻找。他们从北面的渡口出发走了约半天的路程，在夏塘地区找到了拉鲁的哥哥恰巴如索，一起安全回到了拉鲁住地。据恰巴如索反映，他和代本普隆巴从边坝一到洛隆就立即把士兵们召集起来，普隆巴就住在兵营里。兵营的北边有一个旅店，恰巴如索就住在旅店里。他们在去夏牙桥之前，先查看了洛隆的武器库。解放军可能是得到了这个消息，他们经瓦玛夏（瓦果、玛日、夏牙）地区，连夜翻过一座名叫曲草拉的大山到达洛隆，并于天微亮时包围了普隆巴的住地。普隆巴发觉后，立即骑马逃跑，但是解放军紧紧追赶，最终被俘。而恰巴如索听到普隆巴被俘的消息，又远远看到解放军，心里正忐忑不安的时候，只见一队解放军骑兵向他的住地赶来，他立即和房东换穿了衣服就逃跑了。因为跑得很急，他和佣人也都走散了。虽然在路上他也碰到了解放军，但他穿的是老百姓的衣服，解放军只是看了看，并没有引起注意。于是他就逃进西占寺。解放军先是想把房东抓起来带走，但是当房东把换穿衣服的事说了以后，就把他放了。恰巴如索躲藏在西占寺，听僧人们说解放军正在到处追查他。他自己也知道这里不能长住，正打算离开，寺院送给他一些路上吃的糌粑。他带着糌粑连夜翻山越岭逃走了。这时虽然得不到普隆巴的消息，但是后来孜准坚赞平措和噶准桑林说，他们从昌都向拉萨送报告时，在曲草拉山碰见了普隆巴。普隆巴还让他们给拉鲁捎话："请告诉拉鲁，我已被带去昌都。"拉鲁知道了他的身体并没有受到伤害，这才放心。

拉鲁住在拉日郭期间，拉萨派来了仲扎玛噶（意为殷实户军营）所属的80名骑兵和配有4挺"毕仁良"机枪的孜仲维色森格、孜仲土登日却、雪仲格喜瓦·顿堆旺杰、雪仲强塘扎朗巴·平措旺堆等4名机枪手。如前所述，原朵麦总管的工作人员差不多都留在昌都，而拉鲁也已在回拉萨途中，他本人也并没有向噶厦提出派工作人员的要求，但是噶厦对原来打算派给阿沛的官员们说："现在昌都已经失守，你们去拉鲁所在地，文武诸事都要听从拉鲁的指挥。"① 另外噶厦还派来了仲扎兵1000人，率领他们的军官是代本卡那·卡恰德钦和茹本雪仲果央巴·索南杰布等，他们都一同来到拉日郭地区。

① 噶厦派到拉日郭为拉鲁配的人员中有堪穷顿旺、四品官多德瓦·阿旺多杰、颇康管事雪康·土登尼玛、夏扎色·甘登班觉，还有孜仲贡噶坚赞、孜仲益西伦珠、雪仲德卡普等。

其后色拉等三大寺又派来 80 名僧兵，由各执事率领。

这时候拉萨又来命令说，达赖喇嘛已经亲政，要进行庆祝活动。于是拉鲁他们就在拉日郭举行了盛大的庆典活动。拉鲁等官员们商量，拉日郭地区地方小，气候又不好，如果这么多人马驻扎在这里，不可避免地会骚扰、侵害百姓，所以决定，仲扎官兵 1000 人和孜仲维色森格、土登日却、雪仲格喜瓦·顿堆旺杰、强塘扎朗巴·平措旺堆留守拉日郭，拉鲁等及其随行人员以及僧兵移驻工布江达。工布江达气候较暖和，生活条件较好，从当时的战略上看，这里既是从波密和工布米林方向去拉萨的必经要道，离拉萨又比较近。把代本崔科瓦所率领的部队（江孜军营）从色擦调来工布江达驻扎。解放军到达边坝宗所属的马金代达地区后就驻扎在那里，停止前进。

这时，阿沛从昌都委派金中·坚参平措和噶仲桑林两人把有关和谈的信件送往拉萨。拉萨噶厦已决定进行和谈，这时他们才算松了一口气。两位送信人在返回时说："现在已决定和谈，和谈的首席代表是阿沛·阿旺晋美，代表还有执宾堪穷土登列门和四品官桑颇·丹增顿珠，他们已经动身去康区。"因此，拉鲁向前方各部队发出命令："现在已经决定和谈，各部队就地驻扎，不许挑起事端。"因为和谈需要一定的时间，所以拉鲁在工布江达住了 4 个多月。就在这期间，解放军联络部门从边坝派人给拉鲁送信。送信人是一个名叫强曲的巴塘人。他在通过边防哨所时身着藏装，装扮成过往行人。他到工布江达后见到拉鲁的周围有军人和职员，不知直接把信送给拉鲁是否合适，便托词说拉鲁的客人托他带来了一封信。拉鲁接过信，并接待安排食宿。来信的主要内容是：现在北京正在进行和谈，和谈协议是能够达成的。因此，在这里我们要和睦相处，等等。当时拉鲁感到这次和谈能够成功是再好不过了，自己在前线，而西藏地方军队主力已经在昌都全军覆没。眼下全部人马只有1500多人和少数僧兵，根本无法对抗。拉鲁回信说：“和平协议即将签订，希望我们这里不要发生什么事情，相信我们是能够和平相处的。”与此同时，拉鲁也向其属下的各部队下达命令：现在和谈代表已去北京和谈，在此期间，前方各部队切不可挑起事端。如果有人制造事端，破坏和谈，必将严惩不贷。自从彼此取得联系以后，双方之间的关系有所改善，都相安无事。

第十章

贯彻《十七条协议》

《十七条协议》的签订

1950年1月24日和3月2日，中共中央和中央军委分别下达了进军西藏的指示。1950年10月昌都战役打响，历时18天，解放军歼灭藏军主力5700余人，新任朵麦文武总管阿沛·阿旺晋美在泽宗山口附近的珠古寺向解放军投诚。1951年2月，噶厦委派噶伦阿沛·阿旺晋美为首席代表，扎萨克凯墨·索安旺堆、堪仲拉乌达热·土登旦达、堪穷土登列门和四品官桑颇·丹增顿珠为全权代表，4月22日和26日分别从陆路和海路先后抵达北京。中央人民政府委派李维汉为首席代表，张经武、张国华、孙志远为全权代表，与西藏地方政府全权代表，在友好的基础上进行谈判。双方达成《中央人民政府和西藏地方政府关于和平解放西藏办法的协议》(简称《十七条协议》)，于5月23日举行签字仪式。

《十七条协议》的社会反映

1951 年 5 月 23 日晚上，拉鲁在工布江达通过广播电台得知在北京签订了《十七条协议》的新闻，心里非常高兴。拉鲁立刻向拉萨噶厦发电报请示："我从广播中听到在北京签订《十七条协议》的新闻，现在我似乎没有必要在此驻守，请即明示去留。"代理摄政（当时达赖喇嘛已转移至亚东，留下鲁康瓦和洛桑扎西坐镇拉萨，并任命他们为司曹，代理摄政职务）和噶厦回电称："《十七条协议》内容，尚未弄清，待与亚东噶厦商议之后，再予答复。"10 天后又接到噶厦回电："在北京签订了《十七条协议》，已决定派中央代表张经武及部分工作人员经印度入藏，解放军官兵和阿沛噶伦等经康区入藏。为了做好沿途的迎接工作，布置下属做好此项工作，请从速返回拉萨。因为中央代表和解放军官兵要来拉萨，需要准备住处和办公地点。达赖喇嘛及其随从也要从亚东启程返回拉萨，安排迎接事宜等许多事情需要你来办理。"为此，拉鲁根据噶厦电示，交代部属应办事宜后，决定自己同准捏和仲译等少数工作人员以及卫兵撤回拉萨。

藏历铁兔年（1951）6 月拉鲁等人从工布江达出发，历经 7 天到达拉萨附近的拉东先卡渡口。宿营一宿，并派人向拉萨报告了情况。次日，拉鲁他们到达拉萨，按照传统习俗，拉鲁身穿黄缎长袍，上套金丝缎长褂子，腰挂全副汉式刀碗套，脚穿大红彩靴，头戴有金色红顶子、正面绣有金花的纱帽等。随行 8 名侍卫，身着黄长袍，头戴紫黄色旅行帽；两名身材魁伟的马吏，身着氆氇长袍，足蹬长筒靴，头戴紫黄色帽，帽子的长红缨穗子绕在颈上，两人一左一右手牵着拉鲁的乘骑前进。噶厦在白拉措阔地方为拉鲁他们设灶欢迎，搭建大小帐篷三顶，在大帐中为拉鲁设座椅，前来迎接的有扎萨克、台吉、四品官、普通俗官等全体官员。布达拉宫膳食房下赐酥油茶和油炸果子。拉鲁等人到达拉萨市中心时，沿途有军人列队欢迎。于是他们步行绕布达拉宫一周后各自回家，与数年未见面的亲人欢聚一堂，充满了欢乐的气氛。次日，拉鲁到布达拉宫向噶厦报到、致礼。拉鲁首先到布达拉宫森噶报到，并向达赖喇嘛宝座敬献哈达；之后，他来到雪噶报到，并向两位代理摄政洛桑扎西和德卡瓦·才旺绕丹（鲁康瓦）献哈达并致敬礼，他们两人从座位上起身回礼。然后拉鲁又到噶厦报到。当时只有土登绕央和先卡瓦·久美多吉两位代理噶伦在噶厦，拉鲁与他们互赠哈达。第二天起，拉鲁就去噶厦上班。当时，噶厦的主要任务是迎接达赖喇嘛及其随从人员从亚东返回拉萨；准备迎接中央代表张经武到拉萨等工作。交给昌都地区的任务是迎接噶伦阿沛和解放军，并要求沿途各地做好迎接工作。拉鲁他们在拉萨准备了一部分解放军的驻扎营地，但是还不够用，准备安排在近郊。经请示两位代理摄政说，一般士兵可以安排在原藏军新军营和多森格地方，官员则可以从俗家贵族的房屋中暂借一些使用，例如宇妥、朗敦、赤门、彭雪、桑都仓等大家族的房舍比较宽裕，可由噶厦出面与各房主协商借用。拉鲁积极组织协调，解决解放军宿营、驻扎的营地问题。

初到拉萨的中央代表和解放军

《十七条协议》签订以后，就在这年藏历六月，中央人民政府代表张经武（以下简称张代表）和阿乐部长（十八军政治部联络部部长乐于泓）、彭措扎西（翻译，简称彭哲，原籍青海乐都）等经亚东到达拉萨时，噶厦决定在拉萨西郊吉彩鲁定（俗称接官亭）举行欢迎大会。

在噶厦官员讨论参加欢迎会的人员时，当时担任代理摄政的洛桑扎西和鲁康瓦两人以为自己的职位高，流露出自己不宜加入欢迎行列的意思，提出由噶伦拉鲁·次旺多吉和土登绕央两人为首参加

张经武等十八军主要领导与西藏地方政府官员在阅兵台阅兵

左起：夏索·久美多吉、顿布·钦绕旺久、土登绕央、阿沛·阿旺晋美、朵噶·彭措饶杰、拉鲁·次旺多吉、张经武、张国华、谭冠三、王其梅、李觉、刘振国、平措汪杰

欢迎会为宜。所以，噶伦拉鲁等人在吉彩鲁定公园设立帐幕，准备隆重欢迎。张经武等人于公历8月8日抵达拉萨，当天由拉鲁和土登绕央两人率领僧俗官员，在帐幕内摆设简单的茶点，每人手捧哈达热烈欢迎中央人民政府代表。两位代理摄政不参与迎接中央代表的仪式，实质上反映了他们的立场，而不是身份合适与否问题。达赖喇嘛及其众随从于藏历七月二十一日离开亚东，过了数星期返回拉萨，按旧例在吉彩鲁定搭建黄色“大孔雀”帐幕，举行隆重的迎接仪式。

藏历八月（1951），经昌都地区出发的人民解放军抵达拉萨。噶厦准备在拉萨东郊恰增公园边隆重迎接。噶厦委派噶伦拉鲁·次旺多吉、阿沛·阿旺晋美、朵噶·彭措饶杰、代理噶伦夏索·久美多吉等人参加迎接大会。会上，先由阿沛讲话，然后拉鲁·次旺多吉代表噶厦致欢迎词，其主要内容是：“在过去西藏来过清朝的军队、英国的军队、国民党的军队，但是都没有欢迎过。这次来的解放军是人民的军队，所以，我们才进行了欢迎。”坐在主席台左边的张经武代表、张国华司令员、谭冠三政委、王其梅副政委等对拉鲁的致辞报以热烈的掌声；右边有噶伦拉鲁·次旺多吉、阿沛·阿旺晋美、朵噶·彭措饶杰、夏索·久美多吉等。主席台就座人员起立整队按新的仪式行礼，解放军在军乐声中整队敬礼，步伐整齐，威武雄壮地通过街道直奔前方。这天举行了庄严隆重的阅兵仪式。

噶厦为进藏部队官员们事先准备了住宿、驻扎的营房，但是解放军人数众多，事先拉鲁他们也不便打听解放军人数，原来准备的

1951 年 10 月 26 日，第十八军指战员抵达拉萨后，在检阅台前阔步前进

藏军两个军营容纳不下，一时间又找不到合适的地方。解放军纪律严明，就在慈松塘和贾热两处空地上搭建帐篷扎营，而且生活用品都是自给自足，不需要西藏地方提供。在这之前，张经武代表、阿乐部长和翻译兼工作人员彭措扎西等人到拉萨后，下榻于赤门的旧宅院内，饮食及日常用品都由噶厦指派僧俗两员负责供应、管理。拉鲁·次旺多吉在嘉黎宗和工布江达宗任职时，就与解放军联络部门在工作上有些联系，解放军到拉萨后，拉鲁个人也主动为他们提供了日常必需用品。不久，噶厦决定宴请西藏工委和解放军领导人员。按照噶伦轮流做东设宴的惯例，这次的“噶厦宴会”轮到拉鲁做东，费用由噶厦支出，拉鲁负责主办宴会。于是，由拉鲁筹备在

仲吉林卡设宴招待。其实拉鲁宴请工委领导，不只是“轮到拉鲁做东”，每逢春游、赛马和祈祷法会等活动，拉鲁也都邀请工委领导参加。拉萨人喜欢春游，当地过林卡（游乐活动），这时拉萨郊外的拉鲁林苑或笑声阵阵、人声鼎沸，或歌舞翩翩，整个庄园响彻春天的乐曲，西藏地方的社会名流都云集在这里，为工委领导与拉萨僧俗各界提供了接触、了解和交流的场地。当然，在那个粮荒和艰苦时期，工委的物质、文化生活也能因此得到一些改善。

当时，在西藏地方上层官员中，中共西藏工委把拉鲁作为主要争取对象之一，张经武、张国华等领导多次到拉鲁府拜访，阐明中国共产党的方针政策，表明对西藏社会发展、西藏僧俗群众生活和上层爱国人士的关心，与拉鲁进行全面深入的思想交流，对西藏形势、存在的问题等广泛交换意见。拉鲁开始感到西藏工委的真诚，看到进军西藏后的一些新变化，他在思想上由抵触到基本认同。他认为：“现在看，解放军、共产党带给西藏的是进步与希望。”谋求幸福与社会变革也是他父亲龙夏当年的初衷。于是拉鲁便开始自觉投身于支持解放军进藏部队，拥护、贯彻《十七条协议》的工作之中。

当初，进藏部队生存、生活困难较大，严重影响立足、扎根西藏。其中粮食和燃料问题最为突出。在尖锐复杂的斗争中，拉鲁对解放军给予力所能及的帮助和支持。

进藏部队许多连队断粮，官兵们挖野菜、捕老鼠以应对粮食短缺。拉鲁对部队的困难深表同情，他与少数上层爱国人士一道帮助部队购买粮食。进藏部队联络部门、解放军管理财经工作的刘科长等找到拉鲁，要求按市场价格多卖一些粮食给解放军。当时，拉鲁家储存有大量粮食，拉鲁按市价卖给他们不少粮食。不仅自家的粮食供给驻藏部队，还动员族人、亲友向解放军出售粮食，帮助进藏部队解决燃眉之急。面对反动势力所施加的压力和一些庄园主的冷嘲热讽，拉鲁泰然处之。

燃料困难是驻藏部队面临的另一大危机。部队做饭需要大量的柴火作燃料。部队营房简陋，冬季取暖也需要大量燃料。当时驻藏部队除粮食外，燃料成为最大问题。拉萨原本就缺少燃料，加之一些人的阻挠，部队购买燃料特别困难。这时，拉鲁本人不便出面购买燃料，他就让妻子出面，以家族的名义大量收购燃料，然后再转给部队，为进藏部队“雪中送炭”。

没过多久，解放军管理财经的刘科长等又到拉鲁家，要求从东噶林卡中卖一些烧柴给解放军。拉鲁立刻答应了他们的要求，之后他们又要求把这个林卡卖给解放军，拉鲁也答应了。这个林卡后来开发为“七一农场”。西藏第一部现代革命文学作品，作家徐怀中的长篇小说《我们播种爱情》就是以开发、建设“七一农场”的活动为原型和背景创作的。

1951年10月中旬，即《十七条协议》签订4个多月后，解放军先遣部队到达拉萨也已经一个多月。但是，达赖喇嘛和噶厦对《十七条协议》究竟是执行还是反对，一直没有明确的态度。这时社会上有各种各样的说法和谣言，有的人甚至赤裸裸地敌视、诬蔑解放军，禁止向进藏部队卖粮食等，所以群众的思想很混乱。这是有

中央代表张经武驻地旧桑都仓

关是否遵守《十七条协议》的重大问题，也是与在《十七条协议》上签名的5位代表的工作有直接关联的问题。为了弄清楚噶厦的态度，一天，阿沛·阿旺晋美在噶厦全体会议上提出："《十七条协议》当时签订，我们大家都考虑到西藏是中国不可分离的一部分。……还需要在西藏会议上讨论一下吧！"

于是，9月24日至26日召开了"西藏扩大会议"，以阿沛为首在《十七条协议》上签字的各位西藏地方代表都出席，详细汇报并陈述了签订协议的过程和主要情况。"扩大会议"一致同意执行《十七条协议》。10月24日达赖喇嘛也致电毛泽东主席，表示拥护、遵守《十七条协议》。

代理摄政反对《十七条协议》

解放军官兵到达拉萨后，与代理摄政、噶伦等议事时，中间摆一条长桌，一边坐工委、解放军官员，另一边坐代理摄政和噶伦，面对面交换意见。工委和解放军首长到代理摄政和噶厦处，提出请按《十七条协议》精神卖一些粮食给部队。代理摄政鲁康瓦回答："我们西藏人民都不够吃，哪里还有什么大批粮食卖给你们！"并且公开讽刺说："饿肚子比起打败仗，难受得多啊！"由于这个缘故，有粮食的贵族们也很少卖粮食给解放军。同时，粮价也不断地暴涨，一度出现前所未有的粮荒。解放军官兵虽然采取开荒种地，贯彻艰苦奋斗、自力更生的方针，但是也很难解决燃眉之急。另外，在之前的昌都战役中，有许多溃散藏军的甲本、茹本等官兵陆续逃回拉萨后，一直在待业。为了解决这些人的生计，张经武和张国华等领导与代理摄政、噶伦们一起开会研究。张代表说："许多甲本、茹本待业在家，可否对他们的生活和学习做些安排？"鲁康瓦说："现在不能让他们学习，西藏谚语说得好，'金佛脑袋被打破不是福，亲人攻击诬蔑有何喜？'在昌都打破我们脑袋的血迹未干，有什么可学习的？还不如先把昌都还给我们！"张经武和张国华回答说："解放昌都时，双方都有伤亡，我们不谈这个事情，至于昌都是否交出来，要根据人民的意愿，今后可以协商。"当时，噶伦和代理噶伦都无言以对，只好闭口不言。第二天，夏索·久美多吉在噶厦对噶伦们说:“两位代理摄政讲话后，我们未能支持，好像我们把两位代理摄政抛出去了。”有一天，在代理摄政和噶伦们开会时，拉鲁在会上诚恳地提出:“前些天两位代理摄政事先未曾与我们商议，就突然在会上郑重声言重大问题，使我们措手不及。今后如对工委和解放军方面有什么意见，先在我们内部讨论，如果两位代理摄政的意见有过激或不足之处，我们可以提出补充意见;要是我们的意见有不妥之处，两位代理摄政也可以批评指正，这样就可以提出一个统一的好意见。”拉鲁的话音刚落，两位代理摄政齐声道:“遵命！遵命!”脸上却露出大为不满的表情。而且，鲁康瓦又边捋胡须边加了一句:“我是安多人，心直口快!”

西藏军区于1952年2月10日成立。在此之前，有一天，张经武、张国华、谭冠三和范明等与代理摄政、噶伦等在大昭寺二楼朗斯殿召开联席会议，张经武代表首先讲话，指出:“西藏军区需要增加两名副司令员，从西藏地方政府噶伦里是否可以委任阿沛和拉鲁两位?”大家在讨论时，拉鲁产生了顾虑，总感觉这种大事，只由工委、军区官员和噶厦官员商议决定，是否会影响达赖喇嘛的权威。于是拉鲁就说“这件事请示达赖喇嘛决定怎么样?”张经武代表说:“可以这样做。”接着，噶厦呈报了任命阿沛和拉鲁为西藏军区副司令员的名单，而两位代理摄政乘此机会，从拟任副司令员的名单中抹去拉鲁·次旺多吉的名字，由朵噶·彭措饶杰替代了拉鲁。这时，拉鲁深深感到这是对自己昨天向摄政进谏的报复，对此拉鲁并未感到奇怪。

这年10月1日的国庆节快到了，工委领导通知噶厦，国庆节检阅时，藏军要打中华人民共和国的国旗。噶厦呈报后，两位代理摄政却说："藏军有自己的'雪山狮子旗'。"噶伦们讨论后认为，协议已经签订生效了，协议规定藏军逐步改编为人民解放军，成为中华人民共和国国防武装力量的一部分。如果不打中国国旗，恐怕说不过去。在当时，不打哪个旗都不行，还是打两个旗子好，于是就决定打两种旗。所以，这一年国庆阅兵打两种旗帜。这时两位摄政的不友好、不合作的态度表现比较明显，有一些人对解放军官兵在拉萨的行动处处挑衅，天天都发生推搡、肩撞解放军，或者辱骂解放军等情况。但是，解放军官兵对此都一再忍让，不予理睬。而社会上藏族群众中却传颂着对解放军的信赖和好评，说现在的汉人与过去的汉人不一样，这些汉人是新汉人等。然而，少数坏人却仍然进行多种破坏活动。工委向噶厦严肃提出要取缔这些活动。在噶厦内部进行讨论时，认为挑衅和破坏是不对的，不管是谁干的，都要一一追究。但是这些都只是停留在口头上，并没有认真处理，进行实质性的追究。

伪"人民代表会议"活动

藏历水龙年（1952），拉萨大昭寺祈愿大法会即将开始之际，在大昭寺兴热大门上贴出了一个传单，拉萨仓库管理员将传单揭下报送噶厦。传单的主要内容是，等拉萨祈愿大法会（传召大法会）和会供法会结束以后再算账。当时也没有查清是谁干的。藏历三月初，噶厦在布达拉宫开会时，收到所谓“西藏人民请愿书”的一封信。经噶厦讨论认为，如果接收这类信件，会引起很大的麻烦。所以决定不接收这个信件，便当即退回。而所谓的“人民代表会议”的代表们却说：“这个文件已请两位代理摄政过目，请噶厦接受吧！”此时噶伦们也有些惊疑，就回话：“请示两位代理摄政后，再作详细答复。”于是，拉鲁等几位噶伦到两位代理摄政处汇报情况，并请示如何处理。两位代理摄政回答：“这个请愿书确实是西藏人民呈送的，噶厦应该拿去送给张经武代表。”

第二天，几位噶伦到张经武住处——桑都仓旧公馆。伪“人民代表会议”代表噶美康·群则（亦称阿乐群则）、色拉寺麦扎仓的还俗僧人堂曲索朗、哲蚌寺僧人绛央达瓦、色拉寺麦扎仓擦瓦秘书等主要头目都未前去。拉鲁只是见到温隆巴的兄弟贡觉管家和他的两个随从已先期到达那里。他们首先将请愿书交给了张经武，张经武将请愿书交给拉鲁，请拉鲁念。拉鲁在张经武和诸噶伦面前将请愿书念了一遍。随后让伪“人民代表会议”代表们也进来，并给他们照了相之后，让大家都回去了。自此以后，几天之内有关伪“人民代表会议”的谣言很多，有一些坏人也在张经武驻地周围静坐。有许多传闻，如解放军和噶厦部分机关要合并等。《十七条协议》规定西藏要成立军政委员会，由此在社会上出现各种传闻和讹传。鉴于西藏情况特殊，后来中央也就没有让西藏成立军政委员会，别的地方也相继取消。有一天，张经武传话让噶伦和代理噶伦集中到其住处。就伪“人民代表会议”的问题讨论了一整天。到了下午，噶伦、代理噶伦们要辞别回去时，张经武说："现在坏人要闹事，为了观察此事，请阿沛和拉鲁今晚住在这里值班，其他噶伦都可以回去。"当晚阿沛和拉鲁便住下来。由于坏人集会，当夜拉萨加强了警戒。拉鲁暗自思忖，说不定今晚要发生动乱，有些发怵。但是等到天快亮时，那些人都散去了。

罢黜代理摄政

自此以后，各位噶伦和仲、孜们连日到张经武代表处讨论关于代理摄政问题。张经武背靠玻璃窗对大家说："伪'人民代表会议'的这些破坏活动，都是两位代理摄政支持的，而且前后做了许多破坏团结的坏事。但是我们一直都采取了忍让政策，如果再要退让，我们就会掉到悬崖下面去。因此，我们不能与两位代理摄政妥协了。请你们把这个情况向达赖喇嘛汇报。"噶伦们只好遵命，一起向达赖喇嘛详细汇报了情况。1950 年 11 月才"亲政"、年仅 16 岁的达赖喇嘛不得不作出重大决断。他听完汇报后说："工委官员与两位代理摄政之间产生的矛盾，就像一个茶碗裂了一道缝隙，现在很难弥合，只好保留两位代理摄政的职位和薪水，免去职务了。"于是拉鲁等噶伦们又到两位代理摄政处，就座寒暄后，索康·旺钦格列毕恭毕敬地向两位代理摄政详细转述了达赖喇嘛的旨意。两人听后，代理摄政洛桑扎西说："遵命！遵命！"代理摄政鲁康瓦说："解放军已经包围了我们，例如，后山上的空地被解放军搭满了帐篷。请你们记住！这些会成为将来议论的话题，我们两人是会遵命离职的，这个官印是达赖喇嘛赐给我们的，现在我们就奉还。”

达赖喇嘛及噶厦从亚东返回拉萨后，特别是达赖喇嘛“亲政”以后，代理摄政本应卸任，但是一直名不正、言不顺地代理政务。此次罢免两位代理摄政，终结了摄政这一特殊体制，又重新恢复并形成了重要事项均由噶厦直接向达赖喇嘛请示、报告的制度。当然，这时罢免代理摄政，首先有利于《十七条协议》的贯彻执行。

1952 年 5 月 13 日，拉鲁·次旺多吉的噶伦职务突然被免去，只享有卸任噶伦待遇。对此，拉鲁深为不满。其原因当时有各种说法和猜测，也许拉鲁当时过于接近工委领导和解放军官兵很可能是重要因素。

就在这年，西藏工委倡导、组织的爱国青年联谊会和妇女联合会相继成立，拉鲁·次旺多吉也参加了青年联谊会。这些新兴的群团组织，作为中共西藏工委联系、团结广大各族群众的桥梁和纽带，在当时发挥了特殊作用。

观礼团团长的观感

藏历木羊年（1955），西藏地方政府任命拉鲁·次旺多吉为赴内地参观团暨国庆观礼团团长，班禅堪布会议厅定结活佛洛桑白丹和昌都寺卸任总司库仁青顿珠为副团长。由西藏地方政府、扎什伦布寺堪布厅、昌都地区等三方代表共计 50 人组成参观团，沿着青藏公路出发。当时这条公路刚刚通车，沿途还没有固定车站或者食宿站点，他们每天乘汽车上路，晚上搭帐篷宿营。有时在行进路上碰到修路的解放军营帐时，解放军竭尽全力招待国庆观礼团。到达青海格尔木时，代表们看见有几排新盖的房屋，当地领导和职工设宴招待参观团，席间有两位哈萨克族领导作陪。参观团经青海到达兰州时，接到中央的电报指示：从兰州到西安时，参观团团长及组长等先行乘飞机出发，其余团员随后乘火车出发。这是对领导人员的一种照顾。其实以前他们都没有坐过飞机，心里有些忐忑不安。到达西安时，专程从北京前来欢迎参观团的国家民委的部分工作人员先期前去等候。到达北京火车站时，欢迎参观团的有一百多名手持鲜花的各民族代表。参观首都北京时，观礼团受到各个方面的盛大欢迎。10月1日，国庆观礼团参加了国庆6周年的庆祝大会。国庆节过后，毛泽东主席、周恩来总理、刘少奇委员长、朱德副主席，以及中央的其他领导在中南海接见了西藏参观团和青年参观团的全体成员，并在一起合影留念。毛主席在另行接见参观团团长、组长等一行人时说："到西藏的解放军官兵怎么样？"拉鲁等回答："都很好！"毛主席说："不一定吧，会有缺点的。"毛主席接着问拉鲁："如果西藏进行民主改革，你害怕吧？"拉鲁如实答道："我有点害怕进行民主改革"，毛主席说："不用害怕。民主改革并不是要消灭你们贵族，而是为了让全体藏族人民过上幸福生活，这是一个长远计划，我们这里也有宋庆龄等贵族，上海有荣毅仁，你们去看看他们。在西藏进行民主改革，你们贵族和寺院的喇嘛，从上到下，一起讨论一下，改革还是好。总之你们不要只看到山巅，海底同样有龙宫、龙珠。"

在轻松愉快的气氛中，毛泽东主席等领导人同拉鲁以及其他参

1954 年 3 月 8 日　拉萨爱国妇女联合会成立大会代表合影。中间为张经武夫人杨刚，第二排左三为拉鲁夫人索南德吉。

观团成员进行了长达两个小时的轻松谈话。谈话涉及西藏当时存在的问题、民主改革、西藏民族风情、寺庙喇嘛等许多话题。会场上时时爆发出朗朗笑声。会后，毛泽东、周恩来等领导同参观团一行合影留念。

拉鲁等西藏参观团在北京稍作休整后，在中央办公厅和国家民委的安排下，到全国各地进行长时间的参观考察。中央特意安排了火车专列，这是专供中央领导出访考察时使用的。拉鲁所住的房间就是周恩来总理经常下榻的，这使拉鲁感到亲切、温暖。

拉鲁一行每到一地都受到当地政府和各族人民的热烈欢迎，沉

毛泽东主席在中南海接见西藏赴内地参观团团长、副团长，并一起座谈。右二为拉鲁 · 次旺多吉。

浸在一张张笑脸和一束束鲜花的海洋中；每到一地都举行各种形式的欢迎仪式。拉鲁等人用生硬的汉语，情不自禁地呼喊“民族团结万岁！”“毛主席万岁！”参观团在东北考察时有一天观看军事表演。当拉鲁刚爬到坡顶，就听见有人在喊“拉鲁，拉鲁……”顺着声音，他发现周恩来总理在喊自己，并做手势让他坐到跟前去一起观看，还把同坐在一起的彭德怀元帅介绍给拉鲁。随着指挥员一声令下，顿时炮火震天火光闪烁，炮弹击中目标准确无误，坦克横扫千军势不可挡，士兵精神抖擞威武雄壮，参观团大开眼界。拉鲁边看边与周总理交谈，对解放军军事演习赞不绝口，强大的国防力量给拉鲁留下了深刻印象。

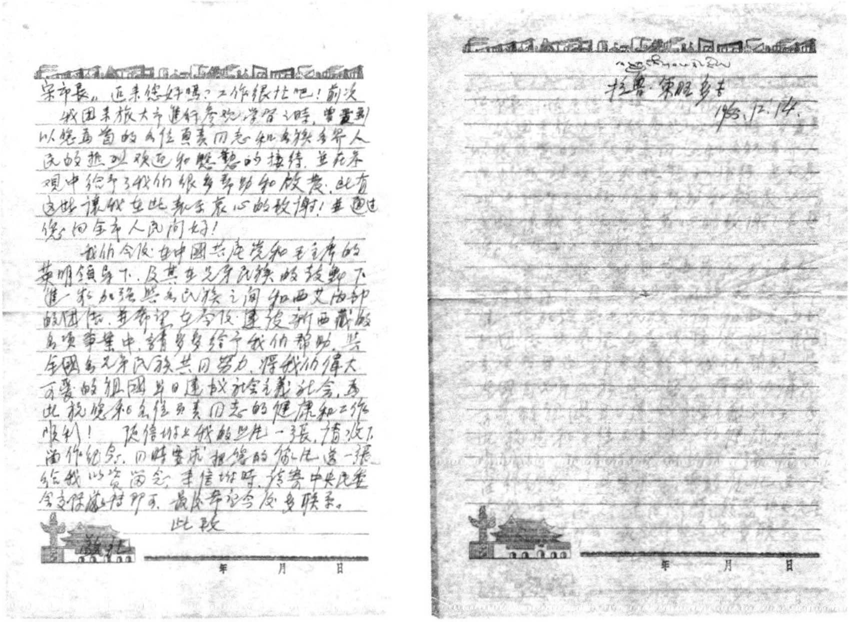

宋市長：近来您好嗎？工作很忙吧！前次
我团来旅大市進行参观学習之時，曾受到
以您為首的各位負责同志和各族各界人
民的热烈欢迎和慇懃的接待，並在参
观中给予了我们很多帮助和啟发，此方
这些让我在此表示衷心的敬謝！並通过
您向全市人民问好！
我们今後在中国共产党和毛主席的
英明領導下，及其他兄弟民族的鼓勵下，
進一步加強與各民族之间和西藏内部
的团结，並希望在今後建设新西藏的
各项事业中，請多多给予我们帮助，與
全国各兄弟民族共同努力，将我们偉大
可爱的祖国早日建成社会主義社会。為
此祝您和各位负责同志的健康和工作
順利！ 随信附上我的照片一張，請收下
留作纪念，同時要求把您的像片送一張
给我以资留念。来信时，請寄中央民委
会交保嵩轉即可，最後希望今後多联系。
此致
敬礼
年 月 日

拉鲁·策旺多吉
1955.12.14.

拉鲁寄写给宋黎市长的信件

随信附上的拉鲁照片及背面亲笔签名

参观团在辽宁省旅大市参观时，由旅大市委第二书记兼市长宋黎亲自接待并陪同参观。参观过程中，宋黎市长与拉鲁也结下了深厚的友谊，拉鲁一行回到兰州时，他给宋黎市长还专门写了一封信，表达了自己的谢意和意愿，并随信附上了一张个人照片，以作纪念。

拉鲁一行在参观过程中无论是中央领导的接见，还是各地政府接待，往往举行欢迎舞会等文娱活动，而且每次都有跳交谊舞的项目。过去西藏也跳这种舞蹈，但是拉鲁不会。起初跳交谊舞他有些羞怯，轮到他跳舞时总是想办法走开，但是时间长了，经常有人请他作舞伴，便逐渐地跟着学起来，没有多久也能够娴熟地翩翩起舞。特别是有一次周恩来总理摆脱诸多舞伴，请拉鲁夫人索南德吉跳舞，一连跳了两曲。周总理一边跳舞一边问拉鲁夫人一路参观考察的情况。舞会结束后周总理对拉鲁说："你夫人很会跳舞，汉话说得也不错嘛。"

参观团到内地各省、区的 20 多个地方，参观了 100 多天后，于藏历火猴年（1956）春天回到北京。毛主席和周总理又一次接见西藏参观团。毛主席问他们："你们到哪些地方去参观了？"拉鲁回答了参观过的省、市及地区的名字。毛主席说："这样说来，我没去过的一些地方，你们也去过了啊！现在在西藏修火车铁路你们怕不怕？"拉鲁说："修铁路我不怕，修铁路有好处。比如，西藏非常需要一些机器，但是机器太重，不好运输，如果修了铁路，就方便多了。"这时，拉鲁同中央领导交谈比当初自在、坦然多了。毛主席又说："火车通了，好处不止这些，西藏的建设会很快地发展起来。西藏的民主改革工作，一下子完成不了，逐年定计划进行才好。西藏也要建立大学，科学在十年或百年内是一定会发展起来的。今后，西藏地方的工作也要以藏族为骨干进行。国土五分之一的土地是藏族地方，拉萨是藏族重要的中心地方。"他说到这里，伸出五个指头接着说："一只手没有大拇指就没有力量。因此，西藏与祖国是不可分离的。"毛主席问参观团："你们有什么要求？"拉鲁回答："希望西藏多修些柏油路，拉萨八廓街的马路能铺成柏油马路，建立一个西藏迫切需要的面粉厂。"参观团副团长定结活佛发言，请求给扎什伦布寺修一条自来水管道；来自昌都的副团长仁青顿珠发言，请求在昌都寺的后山上引一条水渠。接见结束之后，各位首长与参观团全体团员合了影。当时，毛主席和周总理等领导一起接见他们，这是对爱国人士极大的关怀和照顾，他们非常感动，认识到西藏逐步进行改革，促进生产发展的必要性。

对民主改革的抵触情绪

藏历火猴年（1956），西藏参观团回到拉萨后，拉鲁·次旺多吉在大会上传达了毛主席的指示，并向噶厦汇报了详细情况。但是他们只听汇报，并没有重视此事。特别是在关于成立西藏自治区筹备委员会的分组讨论时，扎萨克、台吉以上的上层人士小组在讨论时认为，现时在西藏进行民主改革，不但不能加快这一工作的速度，而且要使其变得更加缓慢。他们把讨论情况作了记录，与会大多数人都持这种看法。当时，拉鲁也参加了这个小组的会议，觉得还是随大流的好，就没有发表一句积极言论。在内地参观时很感动、信心十足，但是回到这样的环境中，拉鲁却觉得很尴尬，谈民主改革不能畅所欲言。这说明，在当时人们还是没有真正理解民主改革的意义，实际上对进行民主改革存有疑虑。不久，达赖喇嘛到印度参加释迦牟尼圆寂两千五百周年纪念活动。在此期间，拉萨地区的一些坏人散布了种种谣言，企图破坏治安、制造混乱。有一天，中共西藏工委领导和西藏地方政府的官员、色拉寺和哲蚌寺的在职和卸任堪布等一起在柴德林卡召开座谈会。张经武说："现在拉萨地区有一小撮坏人散布谣言，企图制造动乱，这样做是不容许的。为了地方的安定，西藏的民主改革要推迟几年。"代理噶伦柳霞·土登塔巴喜形于色地说："民主改革推迟的话，混乱的局面也就自会火灭烟消。""这个成语的含义是什么？"张代表问。"'火灭烟消'的意思是，如果推迟民主改革的话，混乱局面就会立即平静下来。"柳霞·土登塔巴顺口回答。哲蚌寺夏孜僧院堪布站起来向张经武行礼后说："推迟民主改革非常好，我表示感谢！""关于推迟民主改革，请张代表写个文字凭据！"仲译钦莫阿旺顿珠站起来补充，以示声援。张经武坚决回答："没有写文字凭据的必要！"

当时，拉鲁作为自治区筹备委员会财政委员、西藏青年联谊会建设委员会主任，继续负责青年联谊会机关的房屋建设等工作。

第十一章

重建西藏粮食局

鉴于藏历铁兔年（1951）和水龙年（1952）发生的粮荒，藏历水蛇年（1953），在改革精神的感召下，为了方便拉萨群众的生活，地方政府建立了一个粮食公司，中央也给这个公司投资了20多万元。西藏各大贵族也投入粮食2000藏克至8000藏克不等，拉鲁·次旺多吉投入粮食5000藏克。当时，噶厦的全部粮食也都在这个公司里。第一任粮食局的负责人是索康噶伦，之后，他辞去此职。但是，这个公司并没有为群众带来多大好处，粮食公司的工作也没怎么发展，甚至处于入不敷出的境地。

担任粮食总管

藏历火鸡年（1957），噶厦任命拉鲁·次旺多吉为粮食局第二任总管。当时拉鲁不大愿意接粮食局的工作，但不久达赖喇嘛亲自召见拉鲁，指出粮食工作的意义，并指示他要做好粮食工作。拉鲁觉得达赖喇嘛如此器重自己，就应该积极做好这项工作。根据上级指示，重新调整和加强粮食局工作力量，在粮食局总管下配备堪布和四品官管理员4名，工作人员两名；[①] 各宗、谿下设15名僧俗征粮工作人员；组建“公粮总库”，接手有关粮食的各项工作。他们当时接收了拉萨粮食局所储存的3000藏克粮食，并向各宗、谿专派公文信使，通知各宗、谿宗佐（宗、谿主要官吏之简称），将各宗、谿公粮局实有的全部粮食清仓过斗，核算粮食总数，制成清册上报。大多数宗、谿都能够按通知要求上报粮食清册。但有些宗、谿没有按时上报，所以未能统计出粮食总数。当时，拉萨每藏克粮食市价高达165两藏银，为了照顾群众的生活，粮食局想把粮价降下来。但是，如果发出降价通告，粮商就会在一定时间内囤积拒售，反而给群众生活带来困难。

设法稳定粮价

为做好粮食局公益性粮食的营销、供给等工作，拉鲁主持召开粮食局会议，认真讨论、研究，决定采取有效措施，争取变被动为主动。在一段时间内向扎细铸币厂暂借（贷款）藏银5000品（章喀），以市价收购粮商的粮食。同时通知公职人员，以粮代薪的，可按自愿领取薪金，按当时市价支付现金。于是许多粮商要求粮食局按市价收购粮食。同时，对愿意领取薪金的，每藏克粮食兑现165两藏银的薪金。因此，买进卖出都按每藏克粮食以165两藏银

① 堪穷土登桑布、堪穷强庆·土登次培、四品官夏扎·甘丹班觉、四品官萨隆巴·拉旺杰布等；工作人员孜准丹巴、勒参巴扎西顿珠。

的定价交易。如此过了两个星期以后，粮商们自动提出每藏克粮降价为 160 两藏银，要求粮食局收购，而且粮价一直下降，几个月之后，每藏克粮价降为 110 两藏银，最后一直降到 100 两藏银。此时，对粮商来说，卖一藏克粮食就比以前少收入 65 两藏银，卖 1000 藏克粮食就亏 6.5 万两藏银。如果粮价继续下跌，那就不得了了！一直到藏历土猪年（1959）发生叛乱时，每藏克粮食售价已降到 80 两藏银。也就是说，自粮食局成立以来，地方政府储备了大量粮食，粮价逐年降低，给群众带来了很大的好处。粮食局的经济工作比过去的粮食公司时期成绩显著，得到达赖喇嘛和噶厦的嘉奖和支持。当时地方政府的 15 辆汽车和汽车司机都归粮食局使用、管理。

创新粮食管理运营体制

粮食局职员工作分工为：拉鲁统管全局，负责全面工作；堪穷强庆・土登次培分管财政科；四品官夏扎・甘丹班觉分管会计科；堪穷土登桑布和四品官萨隆巴・拉旺杰布分管办公室。孜准丹巴和勒参巴扎西顿珠负责管理粮食收发等工作，他们两人将当日进粮、出粮、仓库存粮等数在下班前进行盘库后，将当晚库存粮数写成清单上交会计科存档。粮食收发管理负责人之下设记账员一人、掌斗员 4 人。掌斗员向拉鲁报告关于粮食过斗问题，过去粮食局的旧管理员使用新旧两种官制斗，进粮时使用旧斗，出粮时使用新斗。因此，进出粮食的数量有一些差别，存在不公平现象。拉鲁经调研分析发现，粮食收进后存放在仓内，日久天长，就会风干，到出仓过斗时，分量就减少。过去，为了弥补这种自然损耗，建立了使用新旧两种斗的制度。这是一种不得不采取的办法。当时新成立的粮食局也沿用过去的做法，实行新旧两种斗制度。这样虽然按每藏克粮食计算出入不大，但是，因为进出的粮食数量比较大，过了6个月，粮食局盘点仓库时，发现多出3000藏克粮食。按照多余是水、缺少是金的说法，拉鲁等粮食局官员经仔细分析、商讨后，决定把这些多出的粮食，列入公家收入项目。

粮食局组建了一个有15辆汽车的小运输队，任命过去管理汽车的堪穷阿旺仁卓和桑都·仁青两人为运输队负责人，另配两名工作人员。汽车队从江孜、日喀则等地向拉萨运输粮食，同时，上行路运送商品或乘客，收费低于同类其他运费，这项收入只能收回汽油费和折旧费。下行路基本专门运输粮食。15辆汽车中平常能出车的至少有10辆，其他车辆轮修。粮食局的粮袋分为甲乙两大类。甲类粮袋有的运粮时使用，乙类粮袋在粮库装粮当码垛，形成交替使用的制度。运输队从可以通车的各宗、谿及时运输公粮，在总库核算运费。但是，只能运输公路沿线的公粮，而在不通汽车的地区如拉布、嘉措、南木林等三个宗、谿的许多公粮不能用汽车运输，如用牲畜驮运粮食则会骚扰百姓。因此，他们决定实行换粮制度，于是许多人都纷纷要求换粮。他们规定南粮与北粮每藏克的差价不得超过五至十两藏银，与汽车公路沿线的商人进行大量粮食交易。这样一方面可以赚到一部分差价；另一方面，交通运输可以减少、避免对群众的骚扰，对公粮征集工作也有一定的好处，可谓一举两得。

粮食局的机构和工作制度日臻完善，并且有关人员不断地进行探讨和改进。按照财政制度管理粮食，组织编制预算。同时，坚持和加强请示、汇报工作，主动争取上级的理解和支持，重要工作由总管拉鲁亲自到噶厦汇报；一般日常性工作都委派两位堪布到噶厦汇报。汇报着重说明从现在起制订预算的重要性，比如官员的年薪、寺院扎仓的经常性佛事支出、经忏支出、军粮军饷、政府工程建筑，以及寺院的修缮、对建筑工人的赏赐，包括粮食的开销等，都要有全面的预算，要求噶厦加强对粮食工作的指导，提出预算工作的总体计划。对来年的工作也应有计划，以便从现在开始做好准备等。多数噶伦说可以编制预算，心直口快的代理噶伦夏索说："政府工作过去从来没有提出预算的前例，特别是对噶厦工作，提出预算比较困难。但是，可以向各单位提出要求。"之后，噶厦向军队司令部、薪饷局、佛事经忏管理局等有关单位发出了编制预算交粮食局的命令。此后，各单位编制的预算计划都按时交给粮食局。经统计，一年开销粮食 11 万藏克，其中多达 60% 用于军粮军饷；各宗、谿每年应向政府上交公粮等共 13 万藏克，但不一定能交齐，如何筹措开支仍需另做打算。过去，僧俗公职人员的薪金或粮或钱没有统一的规定。后来，根据官职高低，一律改为以粮代薪，所以，粮食开销就增大了。但是，自从规定编制预算以来，粮食收支情况清清楚楚、一目了然。拉鲁对完成一年的任务成竹在胸，工作起来就非常顺畅。噶厦通知拉鲁："为了更好地完成粮食局的工作，给你全权处理工作的权力，你可以见机行事。”于是，拉鲁工作非常顺利，非常得心应手。例如，在粮食的购销业务方面，可以销售外地粮食，或者从拉萨收购，或者同粮商交易，根据情况自主决定，及时顺利地完成了军粮军饷等预算任务。之后，政府在检查三大寺僧人口粮的供应情况时，发现甘丹寺和哲蚌寺有足够的寺院香火地可供开支费用，而色拉寺的香火地不多，且色拉寺的香火地范围比甘丹寺和哲蚌寺都小。后来色拉寺向达赖喇嘛诉说了他们的困境，于是达赖喇嘛批准每年每个僧人补助口粮一藏克。粮食局根据这项决定，为色拉寺每位僧人调拨一藏克优质粮食。粮食局发放僧粮的第一年，拉鲁同工作人员一起去色拉寺发放。这一天在大会发放斋茶的地方发放僧粮，因临时无法过斗称粮，他们事先准备了许多领粮条子，给每位僧人发放一张领粮条子，当日领粮的僧人达5000人。当然，该寺传统僧人员额为5500名。第二天，僧人们都去粮食局领粮。可以领粮，也可以按市价领钱，两种方法由僧人任选一种。粮食局按僧人们的愿望发放了僧粮。

第十二章

三位大活佛的父亲

如前所述，拉鲁嘎彩曾经先后成为两位达赖喇嘛的尧谿，作为世袭大家族，到拉鲁·次旺多吉这一代，已经成为与拉鲁前两代家

1957 年，拉鲁·次旺多吉全家合照
左起大儿子贡觉坚赞、父亲拉鲁·次旺多吉、二儿子达那活佛晋美曲英、三儿子普布觉活佛强巴丹增、四儿子甲热活佛洛桑丹增、母亲吞巴·索南德吉、女儿次仁旺姆

族没有嫡系血缘关系的独立家族。所以不带“尧谿”字样，而冠之以拉鲁·次旺多吉。

拉鲁嘎彩在次旺多吉时代，一改过去曾两度完全绝嗣的窘况，人丁空前兴旺，而且竟然出了三位大活佛转世灵童。

达那寺活佛晋美曲英

日喀则达那寺第十世活佛晋美曲英，于1948年在拉萨出生，2001年圆寂。

藏历铁兔年（1951）的一天，南木林宗达那寺的几名代表来到拉鲁府，对次旺多吉说：“您的二公子晋美曲英已被噶玛巴占卜认定为第九世达那孜普·车霍尔活佛的转世灵童，我们是为迎请灵童而来的。”达那寺属于噶举派，按照传统，达那活佛与噶玛巴是师徒关系。因此，达那活佛转世灵童要由噶玛巴占卜认定和寻找。当时，拉鲁·次旺多吉就觉得：“我们属格鲁派，而且晋美曲英是我的次子，原来打算把他留在家里做大儿子的帮手。”所以，拉鲁就委婉地回话说：“本来，噶玛巴占卜认定是非常好的，符合宗教教义，应该遵从。但是，我打算把这孩子留在家里做他哥哥的帮手，不能送到寺院去。”寺庙代表们没说什么就回去了。

过了几天，达那寺负责人来到拉鲁府说：“贵公子千真万确是转世灵童，不过还需要进行一些考察。”他们一再坚持考察，拉鲁不得不答应他们的请求。于是，他们拿出前世达那活佛的佛铃、佛珠等6件真品和赝品，摆在孩子面前，让孩子分辨真伪。孩子一下挑出了5件真品。寺庙负责人高兴得手舞足蹈。这时，孩子的母亲索南德吉说了一声："不能这样挑选！"于是，孩子就把第六件物品的真伪两种一起选出来了。他们却说："这是由于你们插了话，才出现这样的情况。如果你们不插话，他就会只挑选真品。所以这次考察是算数的。"他们固执己见，拉鲁则坚持重新占卜，另行寻认。后来，寺庙方面不单出示了噶玛巴的占卜结果，还出示请了达赖喇嘛占卜认定的回示文字，并再次宣称，占卜认定已经生效。拉鲁只好依据达赖喇嘛的占卜认定答应下来。

他们在拉萨进行了转世灵童的认定仪式和敬献袈裟的典礼，并决定于藏历水龙年（1952）秋天将晋美曲英迎请到达那寺，为转世灵童举行诵经、坐床典礼，届时灵童父母一起到达那寺参加典礼。

水龙年秋季，转世灵童从拉萨启程，中途应绒囊地方达那寺子寺噶布觉寺的迎请，一行人到该寺参加诵经仪式。沿途应恩衮寺的迎请，在该寺住了三天。因为妇女不能在寺中住宿，所以，小灵童住在寺内，拉鲁等人在寺外搭建帐篷宿营。经过达竹卡渡口到达南木林寺时，应贵族萨隆巴之请，在他家住了一宿。次日启程，拉鲁本想到噶丹曲廓寺朝佛，但是该寺在河对岸，而且与达那寺不是一个教派，平时与他们交往也很少。不过拉鲁在噶厦工作时，在行政方面与噶丹曲廓寺来往较多。这次他们为迎接拉鲁等人做了很充分的准备，率僧俗民众来到河对岸，举行隆重的接风仪式。从此，两个寺院关系更加密切。由此启程前行，到琼波瑜伽寺进香。继续前行快到达那寺时，在寺院山下，受到寺院迎宾仪仗队隆重庄严的欢迎，正式进入寺院时，手持马旗或胜幢、头戴白帽的骑手、信徒，列队于寺院前面迎候。拉鲁等人受到热烈而高规格的迎接。这种仪式，据说是在明朝时期的帕木竹巴王朝期间，第一世达那车霍尔活佛受大司徒封号时传下来的。进入寺院时，吹奏大号和唢呐等，非常有特色。举行坐床典礼时，周围所属寺院，包括僧寺、尼庵的僧尼都来参加，仪式庄严隆重。坐床典礼现场，拉鲁他们全家布施了大量财物，并把托杰拉日冈庄园（原属拉鲁庄园）也赠献给了达那寺。该寺一般每年进行一次跳神活动，因为这年有活佛坐床典礼，就增加了两天的跳神会活动。整个诵经、坐床盛典活动隆重、庄严、圆满。

活佛的起居、饮食、经师等事项确定后，达那寺以活佛必须熟悉、掌握寺院仪轨、诵经仪式等为由，坚持将活佛留住在寺院。拉鲁则提出，本来活佛应以诵经为主，但其幼年之时，还是以学习语文和数学为主，兼顾学经、诵经为宜。活佛的侍从也同意拉鲁的意见，所以就让活佛回到拉萨家里住宿。在拉萨，活佛早晚听经师讲经、复习经文；白天到门孜康学习语文、修辞、数学等。后来很快就被接到达那寺。

后来，达那活佛晋美曲英曾任南木林县文教科长，日喀则地区佛教协会副会长等。

普布觉活佛强巴丹增

普布觉寺第五世活佛强巴丹增，于 1952 年 12 月出生在拉萨。

藏历水蛇年（1953），拉萨普布觉寺管家强巴坚赞亲自来到拉鲁府说：“大宝佛（达赖喇嘛）经师普布觉活佛的转世灵童降生在你们拉鲁家，请准予认领。”拉鲁问是如何认定的。管家回答：“起初帕日活佛和却西活佛（以后回到青海塔尔寺）亲自到曲科杰寺（今加查县境内）的拉姆拉错观湖。第一次看见了普布觉寺和拉鲁府邸，前后观湖 7 次，一次比一次清晰。看见拉鲁府邸屋顶升起一缕青烟，冉冉飘向普布觉寺；彩虹飞架于拉鲁府邸和普布觉寺之间。但是，为了进一步证实转世灵童千真万确，毫无怀疑，帕日活佛和却西活佛及普布觉寺的随员又一次去观圣湖，看见普布觉寺前世活佛坐在拉鲁府门前的宝座之上。因此，大家一致认为普布觉寺前世活佛的转世灵童降生在拉鲁府。”当然，人们不会忘却，当年是这位故去的活佛与帕邦卡活佛一起保全了拉鲁及其大哥的手臂。

在与色拉寺杰扎仓商议后，为了顺利得到达赖喇嘛的占卜，先举行了各种经忏活动，诸事完成后，进行了占卜。卜辞曰：“以拉鲁府所降生者为祥瑞！”拉鲁的第三个儿子被认定为普布觉活佛的转世灵童，全家兴高采烈。拉鲁就说：“如果与达赖喇嘛的占卜相吻合，我们当然同意。”当时孩子才两岁，所以认定为转世灵童后只举行了奉献袈裟的仪式，暂时让小活佛留住本家。

藏历木马年（1954）决定迎请活佛转世灵童到普布觉寺。因为历任普布觉活佛都担任达赖喇嘛的上师，寺院的势力很大，声望很高。所以在迎请普布觉活佛转世灵童到普布觉寺的途中，色拉寺、哲蚌寺各扎仓、各康参和各拉章都设灶欢迎。每到一处都下马在帐幕中举行隆重的谒见仪式。从拉鲁府邸到普布觉寺之间路程不远，但却耗时大半天。到普布觉寺后举行庆祝典礼。从此，转世灵童定居在普布觉寺，由布达拉宫朗杰扎仓的僧人顿丹担任其索本（膳食官），指定色拉寺杰扎仓的格西拉让巴伦珠陶凯（后曾任西藏自治区人大常委会副主任）为正经师，阿旺根顿大师为常任经师。在前世普布觉活佛的经师南杰瓦前举行听诵经文、学习语文的启蒙仪式后，达赖喇嘛亲自教其藏文字母，教念经文，并为他取法名为“强巴丹增”。从此以后，由经师在寺内为其讲授课程。

藏历土狗年（1958）普布觉活佛到色拉寺学经。由于普布觉寺的财力雄厚，于是就慷慨解囊，举行隆重的学经仪式，为色拉寺全体僧人发放布施。参加学经庆祝仪式的有色拉寺、哲蚌寺和甘丹寺等三大寺的大喇嘛、大活佛，诸位噶伦及噶厦大部分僧俗官员。庆祝仪式隆重而圆满。

后来，普布觉·强巴丹增曾任佛协西藏分会常务理事。

甲热活佛洛桑丹增

昌都强巴林寺第十一世甲热活佛洛桑丹增，于 1953 年 12 月在拉萨出生。

藏历木马年（1954）年底，昌都边坝甲热寺拉章府管家贡布达杰等来到拉鲁府说："您的小公子是甲热活佛[①]的转世灵童，我们是专程来认请的。"拉鲁问："你们是怎样调查寻找的？"他说："我们请昌都的许多喇嘛和活佛占过卜，特别是嘉冉活佛（昌都地区一位德高望重的活佛）对寻访非常关心，做了广泛的经忏法事。嘉冉活佛说，一天夜里他梦见拉鲁府有三座琉璃宝塔，'前两座大宝塔已经奉送给别人，第三座小宝塔要送给我。所以，你们可速到拉萨，认请拉鲁府之子。'所以，我们与办事人员一起到您府上来了。"当拉鲁不在场时，管家为孩子献哈达，孩子将献给自己的哈达接过来挂在管家的颈项上，做了一个高兴的姿势。在宗角（布达拉宫背后）赛马射箭那天，保姆抱着孩子在看热闹时，孩子在人群中抓住一个人表示亲热，这人就是前世甲热活佛的同胞兄弟。

另外，他们还请达赖喇嘛占卜，得到了吉祥卜筮，并出示了占卜回复手谕。于是拉鲁府才答应了他们的认请。这样，拉鲁的小儿子就被认定为甲热活佛的转世灵童。寺庙方面向转世灵童敬献了袈裟，并决定马上迎请到昌都去，还邀请家长一同前往。拉鲁则提出转世灵童现在年龄太小，不宜马上到昌都去，以后迎请为好。寺庙

① 历世甲热活佛生平概要：第一世甲热·桑吉班角（1389—1463），与第一世帕巴拉德青多吉同门。第二世甲热·曲吉俄阁旺布（1465—1532）；第三世俄旺曲久桑布（1535—1546）；第四世甲热·俄旺赤来桑布（1547—1607）；第五世甲热·俄旺单增伦珠（1611—1667），曾受五世达赖喇嘛嘉奖；第六世甲热·俄旺赤来白桑（1670—1734），乾隆皇帝授予"甲热呼图克图"封号，七世达赖喇嘛授予"额尔德尼班智达"封号；第七世甲热·俄旺曲吉旺久（1670—1734），经金瓶掣签认定；第八世甲热·俄旺丹白久乃赤来曲吉坚赞（1801—1841），经金瓶掣签认定；第九世甲热·俄旺丹白尼玛，生卒年不详，只活了 16 岁；第十世甲热·江白格桑晋美曲吉坚赞（1934—1950）；第十一世甲热·洛桑丹增（1953— ）。

方面同意拉鲁的意见，同意灵童暂时留在本家。

藏历木羊年（1955），拉鲁到内地参观前，正在拉萨的甲热拉章管家对拉鲁提出："这次您去内地参观，请顺路到昌都一游。"拉鲁表示："这次参观，如果路经昌都就会去，但现在还不知是否经过昌都。"后来，拉鲁与其妻子索南德吉一同去内地参观。因为甲热活佛太小，母子不宜分离，所以也带他同行。参观路线是按照中央的"扩大视野"的指示精神，沿青藏公路出发，由川藏公路返藏。所以，他们在内地参观活动结束后，从北京出发到达成都时，昌都强巴林寺早已知道消息，当拉鲁他们从成都到达康定时，昌都强巴林寺的代表、甲热拉章的工作人员、昌都地区其他僧尼代表和群众代表等都已经到达康定。拉鲁他们本来享受着中央安排的无微不至的招待，而寺庙方面又拿来肉和酥油等丰富的藏族食品来迎接拉鲁等人。拉鲁向寺庙方面的代表们诚恳表示，现在他忙于参观，关于活佛坐床典礼方面的准备工作一点也没做，希望待他们到了昌都再作详细研究。

他们一到昌都，喇嘛和僧人们就提出趁他们在昌都之便，为活佛转世灵童举行坐床典礼。但是拉鲁他们作为参观团成员，参观活动还没有结束，马上就举行转世灵童坐床典礼，恐难做到隆重、周到。作为转世灵童的家长也需要筹措一定的费用，当然，拉鲁作为团长还要总结参观活动，并作出报告等。所以，他们决定先回拉萨，然后再返回昌都举行坐床典礼。于是，让甲热活佛先临时住到历代甲热活佛下榻的昌都寺东边的托德夏宫，拉鲁府也派两名仆人照顾。

不久，拉鲁夫妇两人返回昌都参加庆典活动。甲热活佛的坐床典礼在昌都强巴林寺举行，大殿中央为帕巴拉呼图克图的座位，左右为甲热呼图克图和希瓦拉呼图克图的座位，其下为谢文·贡多活佛和基佐的座位。坐床典礼就在中心大殿隆重举行。转世灵童取法名为洛桑丹增。

1986 年以后，甲热活佛洛桑丹增曾任西藏自治区民族宗教委员会副主任、拉萨市常务副市长等职。先后当选为第八、九、十、十一、十二届西藏自治区人民政府副主席，第九、十、十一、十二、十三、十四届全国政协委员，第十三、十四届全国政协民族和宗教委员会委员，第一、二届中国西藏文化保护与发展协会副会长、常务副会长。

第十三章

1959 年时的拉鲁

叛乱起因及过程

西藏于 1951 年和平解放。1956 年底，中央人民政府考虑到西藏的历史和现实情况，明确宣布在 6 年内不进行民主改革，国家第三个五年计划期间是否改革还要征求西藏各阶层人士的意见。但是，西藏地方政府中的上层反动集团，坚持分裂祖国、维护封建农奴制度的反动立场，公然撕毁《十七条协议》。1958 年，他们默许和支持一些分裂分子在山南等地建立叛乱组织，支持叛乱活动，围攻中共地方组织，袭击人民解放军车队，杀害解放军官兵，并残酷迫害爱国僧俗人士。1959 年 3 月 10 日，他们在拉萨散布达赖喇嘛到西藏军区俱乐部礼堂观看文艺演出会有生命危险的谣言，煽动一些不明真相的人阻拦达赖喇嘛前往，唆使叛乱分子打伤噶伦、西藏军区副司令员桑颇·才旺仁增，杀害西藏自治区筹备委员会委员、爱国人士堪穷索朗降措。叛乱首领人物在达赖喇嘛的夏宫罗布林卡开会，宣称“同中央决裂，为争取西藏独立而干到底”。他们组织叛乱武装在药王山（拉萨市制高点）、罗布林卡、布达拉宫及市郊各要点构筑工事，包围中央人民政府驻西藏代表机构和西藏军区机关，并于17日开火挑衅。19日，叛乱武装袭击前往拉萨河渡口执勤的解放军分队。20日凌晨向中央人民政府驻西藏代表机构和当地驻军发起攻击，开始了以拉萨为中心的大规模武装叛乱。

藏历土狗年十二月二十九日（1959年2月6日），中共西藏工委的领导们应邀出席布达拉宫的“破九跳神法会”，他们与达赖喇嘛见面后，边看节目边聊天，谈到现在军区也在演出新的歌舞节目，邀请达赖喇嘛去看。达赖喇嘛说：“藏历一月，拉萨举行传召大法会，大法会结束后就去看。”当天，基巧堪布噶章·洛桑仁增便将此事通知了噶厦。之后，一些坏人利用此事造谣惑众，到处传播达赖喇嘛到军区将会有去无回等危言耸听的谣言。

1959年3月10日上午，首先在拉萨布达拉宫雪地方，突然发生骚乱。孜仲（僧官）丹玛觉等一些人，在拉萨雪地方制造流言蜚语，造谣说：“大宝佛（指达赖喇嘛）要被请到军区，被迫带到别处再也回不来，大家快去阻拦！”于是许多人都涌向罗布林卡。接着，很快在罗布林卡外围人山人海，其中包括从四川、青海等跑来的大批叛乱分子和所谓的“难民”。

噶厦从罗布林卡派出信使，一再催促拉鲁·次旺多吉到罗布林卡开会。此时许多伪“人民代表会议”代表以保护达赖喇嘛为名，同其他坏人及大量不明真相群众在罗布林卡围墙外高呼口号，舞刀弄枪。当拉鲁正准备去开会时，传闻桑颇·才旺仁增（时任噶伦、西藏军区副司令员）在罗布林卡大门口被石头打倒。拉鲁顿时忧心忡忡，就没有让汽车走大路，而是经过江塘那卡到罗布林卡北门。然而北门紧闭，车子没法开进去。于是拉鲁主仆三人下车步行，向罗布林卡正门走去。刚走到罗布林卡东北角时，碰到哲蚌寺的擦瓦司库。他对拉鲁说："不能再往前走了，刚才在罗布林卡正门前，帕巴拉堪穷索朗降措被打死了，情况非常乱。"自治区筹委会委员索朗降措（四品僧官）也是去参加噶厦召开的会议，被坏人用石头砸死的。看到如此紧张的形势，拉鲁脑海顿生疑惧，无心再去罗布林卡参加会议，便回头坐汽车回家了。

不久，有一部分伪"人民代表会议"的代表在拉萨街上游行。当天晚上，罗布林卡噶厦又第二次派人到拉鲁府说："今天开会你没来，请明天一定要去开会。"此时，拉鲁·次旺多吉正面临或许是一生中最重大的抉择，他感到非常难办："如果去参加这次会，就意味着参加叛乱。而叛乱势力根本无法与共产党抗衡，还不如把握住自己，不去参加。但是，过去噶厦给了自己这样大的权势，这么多的庄园，这样高的职位，理应终身报恩。况且现在噶厦就像一盏狂风中的油灯，危在旦夕，在这个关键时刻，我不去维护它怎么行呢？从良心上也过不去，也会落下不仁不义之骂名。"想到这些，1959年3月11日，他怀着矛盾的心情到罗布林卡的厦丹佛殿（佛事殿）。当拉鲁到来时，会议正在进行。会议主持人为仲、孜堪仲大喇嘛觉顶·土登诺桑，参加会议的有堪仲曲培土登、土登旦达、土登强久和孜本凯墨巴、薛奎巴等人。他们正在谈论昨天即二月一日的情况和今后的对策等问题。拉鲁知道，在这样的场合不会有任何人唱反调，不随声附和就会成为众矢之的，甚至性命堪忧。于是当轮到拉鲁表态时，他不冷不热地说："昨天在罗布林卡正门前，杀害帕巴拉堪穷（索朗降措）是不对的。因为，如果在罗布林卡内这样做，总有一天，其恶果会玷污达赖喇嘛的名声。我们把会议地址设在罗布林卡也不合适，改到别的地方较好。以我看来，这样的动乱，很难办成事。如果发生骚乱，军区有很多大炮。大炮一响，布达拉宫上下都会遭到破坏。与其这样，还不如采用不去惊动母鸡而取蛋的办法。"拉鲁对这句话没有作过多解释，相信大家都能理解其含义，但是他也知道目前人们的情绪已经不可能进行冷静的思考。他们不会采取这种温和的态度，走曲线道路。何况噶厦对拉鲁早就持有怀疑态度。认为拉鲁与西藏工委的关系密切，受共产党的影响大，当时就有人主张不让他参加会议。

紧接着玛囊阿颇说："德巴雄（西藏地方政府）成立到现在已有300多年，现在面临这样大的危险，无须左思右想，我们豁出去了！"拉鲁便接着玛囊阿颇的意见说："进了这个房子，就不得不豁出去啦！"这时，仲译钦莫觉顶·土登诺桑从座位上站起来说："刚才拉鲁说得很对！大家要好好想一想，糊里糊涂地闹起乱子，大炮一开口，我们就只能像豌豆一样四处散开！"他虽这样说了一大通，大家当然也明白他的意思，但没有一个人听得进去。公普隆·群则和一个安多人站起来说："在安多地区，汉人叫喇嘛、活佛去开会，去了之后很多人都没回来！大宝佛的命运我们不能不管！"伪"人民代表会议”代表雪巴·达东巴（派马官吏）等一些人又站起来说：“西藏要独立！”有的说：“吃米的人和吃糌粑的人要区分开来！”扎萨克擦绒·达桑占堆说：“今天，我们上层人士站得低些，你们人民站得高些，让我们一起好好地讨论一下！”其实他也不满意伪“人民代表会议”和“卫教军”分子这么闹。这一天，因为会上发言的人很多，就决定各小组把发言内容做好记录交上去。那些扎萨克和台吉以上的上层人士组的发言记录大意是：1949 年以前，西藏是“独立”的，对于人民争取“独立”的愿望表示同意。写成文字，当天在场的扎萨克和台吉以上的人士都签名后上报。其他各小组也在记录上签名并上报。

叛军司令拉鲁

除了在藏历二月一日（1959 年 3 月 8 日）罗布林卡会议上委任的堪穷达热瓦、孜本薛奎巴两人为叛军司令外，藏历二月二日（1959 年 3 月 9 日）又任命功德林扎萨克堪穷格桑阿旺、喇恰·拉顶色、仁希·夏格巴 4 人为司令。藏历二月三日，会议改在雪印经院召开。会上讨论的议题是，经常召开扩大会没有时间，决定开代表会，选举政府官员代表 40 人，色拉和哲蚌寺代表 30 人，伪“人民代表会议”代表 30 人。选举出代表后，由伪“人民代表会议”代表雪巴·达东巴编造花名册交仲、孜向公众宣布。与会人员一致表示同意。接着新当选的代表到雪印经院平台另行开会，其余的人仍旧在大殿入座。当时仲译钦莫曲培土登在会上讲话提出：“选举产生的代表中罗布林卡的玛基（司令）功德林扎萨克·维色坚赞、堪穷达热瓦·多俄塔钦、堪穷格桑阿旺、孜本薛奎巴·江央凯珠、喇恰·拉顶色等5人，既作为代表参加会议，又当司令，二者恐难兼顾。所以，请各小组投票另选5名新司令。”新当选举的司令为拉鲁·次旺多吉、堪穷洛桑丹增、吞巴·堪穷强巴凯珠、颇本帕拉色·多吉旺堆、仁希夏羌索巴·阿旺坚赞等5人。会议推选出拉鲁为叛军司令时，拉鲁虽然委婉地表示自己恐难胜任，但是木已成舟，无济于事。新任总司令和司令5人于四日上午到罗布林卡接任。当时，5名原任司令已经去开会，只剩下仁希夏格巴（四品官）一人。他接待5位新司令，并向他们介绍了工作情况。于是，他们初到指挥部时，有许多人来请示、询问工作等各方面情况。但不清楚这些人是哪一部分的。于是拉鲁即派孜仲洛桑曲觉（俗名班觉）和雪仲哲林两人到罗布林卡调查志愿来当警卫的康巴军（以下简称志愿卫教军）到底有几部分，每部分有多少人，头领叫什么，并写成花名册。

色拉寺代表请示关于事变方面的任务，并请求从剩余枪支中发几百支给他们。当拉鲁查询枪支存放处时得知，一部分枪支就在罗布林卡，但是管理人员孜恰坚赞曲培到雪印经院开会去了。于是拉鲁从新任司令中委派堪穷洛桑丹增到雪印经院，讨论如何分发枪支的问题。但是没有及时得到明确答复。在新旧司令中由谁来负责武器发放问题发生了意见分歧，议而不决。于是，拉鲁只好向色拉寺的代表吩咐道：“关于分发枪支的问题，等会议作出决定后马上解决，你们的首要任务是防守好寺院的山头，这是非常重要的一点。但是，要提高警惕，避免与解放军发生冲突。先前已经派出两三名僧人，伪装到山顶煨桑，待将情况侦察清楚后即派 150 人占领山头。”这时，古松代本（警卫团长）达拉·平措扎西问：“热玛岗山头占领了没有？”拉鲁转问工作人员后得知没有占领。于是，拉鲁给功德林拉章送去一张重要纸条，指示他们从百姓中派两人装作打柴的，到擦古尔谿卡的热玛岗侦察，看该岗是否被解放军占领。如果还未被占领，就可以从防守热玛岗渡口的守军中，调派 100 名官兵去占领。

罗布林卡各大门的守备任务分别各由一名藏军司令担任，守备罗布林卡前门的任务由正司令担任。下午 3 点多钟，拉鲁去检查正门时，正门两边由一部分正规藏军和志愿卫教军严密地把守。到正门顶上检查时，只有 15 名卫教军士兵和一名定本。在他们的面前筑有石砌工事，配有一门迫击炮和一挺重机枪。检查过后拉鲁指示官兵：“用石头构筑的工事，一旦双方打起来，子弹会击起很多碎石，会对我方造成死伤。最好将石头工事拆除，换成沙袋。另外，还需要再增加一挺重机枪。”大多数士兵在罗布林卡院子里面，沿着院墙搭建了类似工程作业架的平台，士兵站上去从院墙里往外观察、瞭望或放哨。拉鲁告诉他们：“你们这就像古代格萨尔王时期的打仗方法。现在炮一响非常危险，因此，多数人要隐蔽在坑道里。”

罗布林卡的玛基拉鲁（总司令）上任之日，也就是他卸任之时。四日下午 5 点左右，拉鲁同副司令颇本·帕拉到帕拉·卓钦家吃饭。刚坐下不久，忽然听到一个消息说，罗布林卡里的一部分人提出只要原任司令，不要新任司令的要求，现在他们正在孝殿拉康开会。过了一个多钟头，两个全副武装的康巴人和阿南医生到门口指名找拉鲁，并有几个人远远地站在一边助威。颇本帕拉看到这种情景，惊恐地对拉鲁说："不要坐在这里，请到东边房间接见他们行吗？"拉鲁立刻警觉起来。知道自己虽然坚决维护旧政府，但是一些人却杯弓蛇影地怀疑自己，也许会遭到同帕巴拉堪穷一样命丧黄泉的下场。拉鲁暗自提醒自己，今天要特别警惕！于是他把两支手枪中的一支揣到怀里，另一支藏在袖筒里，对他们说："进来！"

进来的三个人中，一个康巴人说话稳重些，而另一个康巴人却显得气势汹汹。拉鲁觉得今天是扛不过去了。正如俗话所说，狗急也要跳墙，他们要下手，首先得警惕这个气势汹汹的家伙。他们说的中心问题是，原司令和他们的关系很好，不恢复他们的原职不行。因此，原司令们必须复职，现任司令就得请回去！拉鲁当面回答："我们不是志愿到罗布林卡当司令来的！是会议任命后才来的。你们既然说不要我们新司令，只要能圆满地完成这项工作，谁当司令都一个样！"阿南医生以调和的口气说："新司令们请回去！我们走！"边说边拉着他们出去了。

拉鲁坐在那里对这个突如其来的问题考虑了半天，仆人边巴尔进来打断了拉鲁的沉思，对他说："有一些人站在那里好半天，现在还不肯走！我们还是快点走好了。"拉鲁也有点着急了，他担心如果碰上几个坏人真打起来，出不了院墙，就会出事。出了院墙，或打或跑都好办。于是他立刻提枪站起来，毫无顾忌地经过正门往前走，走到院墙外的曼哲拉康，没马没车，也不知前面的路是否好走，滞留了好一会。扎萨克凯墨·索安旺堆知道这个情况后，随后追上来说："现在不能在这里等了，快点走好。我的女儿要回家，正在我的车里，您跟她一起走吧！"这样，拉鲁就坐着凯墨的车回家了。随便来一些莫名其妙的人，竟然把刚上任的总司令就这样支走了。

藏历二月五日（1959年3月12日）拉鲁待在家里，帕拉·土登维登派吞巴堪穷捎来话说："昨天发生的情况，都是下面的一些人干的，上面的人一点也不知道。"拉鲁觉得也是一些坏人干的，根本不是地方政府干的。然而，拉鲁认为自己应该继续工作，因此到粮食局去上班。藏历二月六日（1959年3月13日），罗布林卡的志愿卫教军昌都人嘉央索巴来到拉鲁府说："今晚领导会议决定，有马的都要准备好马匹。"听了这话，拉鲁就隐约觉着达赖喇嘛及其随从可能要出逃了。藏历二月七日（1959年3月14日）下午，夏索派一个仆人到拉鲁家说："请明天务必到罗布林卡噶厦去一趟。"这是噶厦第三次通知拉鲁到罗布林卡开会。第二天即二月八日（1959年3月15日），拉鲁应约赴会，噶伦索康·旺钦格列说："那天让新司令回家之事，我们一点也不知道。之后经了解得知你待在家没去别处，这很好。你还是回来当司令吧！"拉鲁回答："在罗布林卡当司令，最近有些人对我有不好的看法，我和他们合不来。现在拉萨城区没有总管，还不如让我去担任总管，这样可能对工作有些益处。如果又回去当司令，我们搞不好关系，可能做不好工作吧?”索康说:“那么关于担任拉萨城区总管的事,随后另行给你回话。”这时,柳霞·土登塔巴说要去布达拉宫,于是便乘坐一辆紫色轿车走了。

拉鲁估计柳霞可能是到孜囊更佐(布达拉金库)拿贵重财物去了。就在这天晚上,达赖喇嘛及其随员们都出走了。藏历二月九日(1959年3月16日)上午,拉鲁派仆人米玛去见夏索。米玛回来报告说,罗布林卡正门不让人通行,米玛通过住在罗布林卡的熟人,说明要找夏索。不一会夏索的仆人从门内出来一句话也不说,只是打手势让米玛回去。听米玛说后拉鲁疑心重重,莫非连噶伦们也都出走了?藏历二月十日上午,粮食局工作人员孜仲羌孜·洛追曲培来拉鲁家说:“大宝佛及其随行人员已经走了,罗布林卡的志愿卫教军可能一半精兵良马也走了,现在怎么办才好?”看羌孜的语气和表情,似乎在说,要跑我们一起跑!但是拉鲁看着自己的妻子快临产了,孩子出生以前没法走。便对羌孜说:“大宝佛他们虽然已经走了,我们的工作还是等明后天再说,到时再商量。”羌孜·洛追曲培听后就走了。他们大批人马出逃这样大的事情,事前却一点也未透露出风声,对拉鲁完全保密,他深感自己受人利用,蒙在鼓里,心中产生了说不清的凄凉、悲愤和恼怒。

藏历二月十日(1959年3月17日),下半夜听见枪声,十一日早晨,罗布林卡方向仍有枪声和炮声,交通中断不能通行,可以看见远处药王山上枪炮对射的火光。十二日早晨,拉萨城区发生严重骚乱。枪炮互射,愈演愈烈。拉鲁住在市中心,枪炮的威胁很大,于是就留两名康巴守门人和其他仆人守门护院，让妻子带领小孩先行出发，拉鲁自己与三名全副武装的仆人，从屋后的楼下窗户出去，躲进拉萨普布觉寺的房屋里。这一天，在小昭寺和大昭寺附近交火激烈。午后，拉萨地区大致归于平静，许多房顶上飘动着哈达，有一部分人向拉萨北部逃窜。

这天晚上，拉鲁的管家扎西绕丹说："老爷！您留在这里不好，您带一些人离开这里行不行？"这时在拉鲁看来，自己早先明知不可为而为之，现在叛乱活动已经失败，或许出逃是唯一的选择，自忖虽然没有参加实质性的叛乱活动，但是名义上毕竟是叛军总司令，不逃亡恐怕是死路一条。拉鲁的管家极力劝他赶紧出逃，并为之准备马匹和钱粮及其他用品，不断催促他马上离开。拉鲁觉得现在带妻儿一起出逃已经没有希望，只能带两三个仆人走。于是拉鲁就带些生活用具，与妻儿简单话别，正要离开之际，看见自己的妻子即将临盆，其他孩子也都非常小，留下这些人，自己逃命，他们会遇到很大的困难。拉鲁不忍心抛下她们，自己一人逃走。拉鲁认为，弃家自保是对妻儿家庭的不负责，也是一件残忍的事情，是要遭报应的。他笃信佛法，只能随缘而就，不能强求，现在不管遇到多大的困难，还是留下好。管家说："您留下来不会有生命危险吗？"拉鲁很坦然地回答："以前，昌都解放时，被抓的俘虏没有杀，阿沛也没有被杀嘛，也许这回也不会有多大问题。"就这样，拉鲁决定留下来不走了。

藏历二月十三日上午，解放军一来，拉鲁反倒显得异常平静，主动交出了自己的枪支。拉鲁对解放军官兵说：“我是有罪之人，但是我的夫人跟我的行为没有关系，与整个事件都没有牵连，不能把她也抓起来。”解放军官兵把拉鲁从驻地带回拉萨家里，有一部分解放军已经先期到达那里。接着他们把拉鲁带到西藏军区，与其他俘虏关在一起。

此时的拉鲁心力交瘁。他虽然未曾遭受皮肉之苦，但是思想压力却无比大。他感到凄楚、悲苦和失望，总以为此生将因此了结，除了死已没有别的路可走。

被俘以后，审讯人员严厉地审讯拉鲁在事件前后所犯下的罪行。回想起自己所犯罪行，他感到恐慌不已：“这次完了，不知哪天掉脑袋。”这时，党和政府的干部对其进行耐心教导，反复强调说：“只要坦白交代罪行，就能得到宽大处理。”他在西藏工委认识的一些朋友也来探望他，向他谈党的政策，劝他早日坦白交代，争取宽大处理。但是，起初拉鲁根本听不进去，思想转不过弯来，总是觉得坦白从宽，是指轻微罪行，一般参叛分子，有可能得到宽大处理，而像他这样的叛军总司令，是不会得到宽大处理的。终究会把前后罪行都加起来算总账，只好等着杀头。整整一个月，拉鲁不交代任何罪行，一直沉默无语。过了一段时间，拉鲁被带到照相的地方，他猜测今天是不是要杀我？从而感到非常害怕。经过管教干部耐心、和气的教育，拉鲁不得不交代一些小罪行，同时又产生了一种顾虑：说完小罪行，会不会进而加重管制。但是，第二天拉鲁发现对自己的管教反而宽松了。经过军区朋友的不断劝说开导，他的思想开始有些转变，态度也有不少变化。至此，拉鲁·次旺多吉才逐渐地把自己的全部罪行交代清楚了。特别是在他生病时将其送到医院治疗，关心生活，耐心挽救，使他非常感动，对自己的罪行认识也就变得更加清楚了。

有一次，拉鲁被押去参加批斗大会，参加会议的有一万多人。他望着台下黑压压的人群，群情激奋，声泪俱下地控诉封建农奴主剥削农奴的罪行，“打倒一切剥削阶级！”“劳动人民要翻身做主人！”等口号一浪高过一浪。拉鲁有末日将至的恐怖感觉。许多百姓甚至要冲上来批斗他，而解放军奋力维持着秩序，不让他们接近拉鲁。控诉、批斗大会持续了4个多小时，押解人员考虑到时间久了，拉鲁久站受不了，便让他坐在地上。但是台下群众开始起哄，说是批斗大会，罪犯怎么能够坐着接受群众批斗呢？押解人员只好让拉鲁跪着接受批斗，然而拉鲁就是不跪，倔强地咬牙站着，不失体统。后来，以前拉鲁庄园的一个农奴上台批斗他，把拐杖递给拉鲁说：“有你们这些剥削阶级，我们才去乞讨，现在你们收回去吧，我们再也不需要拐杖了。”这个农奴表面上是在批斗拉鲁，实际上他看到拉鲁站了那么久，已经很难再坚持了，所以变着法子把拐杖交给拉鲁。批斗大会使拉鲁思想很受触动。

一年后，1960年，拉鲁从拉萨第一监狱转到第二监狱，接受劳动教养。在劳动改造队，拉鲁被安排在洗衣房。这里的工作很简单，就是把脏了的被子拆下来，洗干净再缝上。但是这对拉鲁来说并不简单。他从小在贵族大家庭过惯了使奴唤婢、饭来张口衣来伸手的生活，再简单的劳动，到了他手上就成为大难题。开始，拉鲁闹了不少笑话，不知如何洗衣服，他笨拙的劳作往往引起哄堂大笑。大家虽然没有恶意，他自己却感到羞愧。他更清醒地认识到努力学习和艰苦锻炼，才能成为自食其力的人。他进一步端正对劳动改造的态度，认真、卖力地学习劳动技能，每天坚持洗 6 条床单、七八件衣服。不到一年时间，他便两次获得“洗衣能手奖”等。不久，他被指定为洗衣房组长、三个大组的大组长。劳动教养比监狱的处境宽松多了，亲人也可以来探望。见到妻儿，拉鲁心里得到极大的慰藉。拉鲁被捕后家庭财产全部被没收，家里妻儿老小的生活陷于困境，太需要自己，而自己又被监禁劳改。为早日出狱，他甘愿付出任何辛劳。他暗下决心，争取尽早出狱，用狱中学到的劳动技能养活自己和家小。随着时间的推移，妻子的生活越来越艰难，拉鲁为争取提早出去而主动进行艰辛的劳作磨炼。

拉鲁·次旺多吉于藏历火猪年二月十三日（1959 年 3 月 20 日）被捕后，作为“出谋划策并积极参加抵抗汉人活动的西藏官员中的重要人物”[①]，受到管制和审判。早在平叛初期，毛泽东主席就说过：“像拉鲁这样的人，只要肯接受改造，也可以不杀。”拉鲁改造期间表现较好，已经悔过自新，1965 年，西藏自治区高级人民法院宣布释放拉鲁。拉鲁在关押和劳动改造 6 年之后获释。

① [意] 毕达克著，沈卫荣、宋黎明译:《西藏的贵族和政府》，北京：中国藏学出版社，1990 年，第 41 页。

第十四章

获释后的拉鲁

奋发努力　自食其力

1965年8月31日，当拉鲁获得释放回到拉萨时，发现拉萨的面貌发生了很大变化，亲身感受到新社会的优越性，对他的思想触动很大，进一步提高了对封建农奴制社会落后性的认识。同时，拉鲁告别了昨日的噩梦，虽然已经年过半百，但是对自己新的生活仍然充满了期待与希望，能够回到温暖的家庭，同妻儿老小其乐融融地生活，该是多么幸福呀！当时，妻子索南德吉在城郊务农。拉鲁为了能与妻子彼此照应，以弥补过去对家庭的亏欠，就提出也到城郊务农。于是，政府把拉鲁安置在拉萨北城区，给他分了一间位于二层带玻璃窗的单柱房子、一间底楼房屋以及5藏克土地（相当于5亩）。拉鲁一家务农4年。由于拉鲁从小过惯了饭来张口、衣来伸手的贵族生活，在监狱劳动教养也没有参加过农业生产，没有任何农牧业生产知识，没有干农活的经验，遇到了许多困难。这时，周围善良的农民向他伸出援助之手。他们看到拉鲁干活不得法，就主动过来指点。拉鲁家没有耕牛，耕地时城北第一生产队还雇耕牛帮助拉鲁春播、秋耕。但是，农业生产很费水，春播灌溉和返青灌溉时，农用水非常紧张。各家轮流浇灌，白天很难轮到灌水的机会。到了夜间大多数人都回家休息，浇水比较容易。所以，拉鲁就在夜里引水浇灌自营地。有时他和妻子通宵达旦地守候在庄稼地里。这样，年复一年逐渐地掌握了耕田、浇水、锄地、中耕、除草、拔草、收割、打场等一整套农活。到秋收时，获得较好的收成，拉鲁一家心里觉得非常快活。政府分给拉鲁的土地加上自己开垦的，拉鲁一家共有 6 藏克土地。从耕种到打场，拉鲁都不需要他人帮助，能独立完成 6 藏克地的生产经营。打场基本结束后，要进行清场和扬场。清场后还能收回几升粮食。到了这个时候，拉鲁才深深感到农民储藏一些粮食要经历这么多的劳动过程，克服这么多的困难，真是粒粒皆辛苦。而自己在过去进行剥削，过着奢侈豪华的寄生生活，真是问心有愧。

拉鲁懂得庄稼需要轮种，小麦、青稞、豆子等每年要轮种。种蚕豆产量高，但是夏天人们会来摘豆荚吃。由于拉鲁出身剥削阶级，不好正面拦阻，所以只好种青稞。拉鲁向农民请教播种经验，他们说，豆子和青稞混种，收成比单种蚕豆多收两成。拉鲁就按照他们的意见播种，实际收成果然不错。每年的收成情况，都要向上级汇报。秋收后除去拉鲁一家三口人的口粮，交够定额公粮后，还有出卖余粮的任务。当个体农民，可以早晚多干活，中午天热时多休息一会，自己可以灵活掌握，拉鲁觉得这样心情比较舒畅、自在。

拉鲁认识到对农民来说，积肥很重要。拉鲁家没有牲畜，无法积肥，拉鲁很着急。以前去内地参观时，与拉鲁同行的朋友、扎什伦布寺的定结活佛洛桑白丹对拉鲁说："我没有别的办法帮助你，但是农民没有牲畜是不行的，我买一头黄牛送给你吧。"拉鲁说："真是太感激您。不过，如果黄牛跑到别人田里踩踏或者啃吃庄稼，会说这是剥削阶级的黄牛，容易产生麻烦。"从而谢绝了洛桑白丹的好意。拉萨城区虽然有厕所，但是都被各互助组包干了。为了积肥，拉鲁在自家院里的一间小屋里堆放灶灰。自己的灶灰不够，便向邻居讨要。拉萨市医院附近，住着一位赶马车的人，拉鲁与他商量达成协议，秋天拉鲁给他饲草，来春他给拉鲁几车优质肥料。这样，农肥的问题就解决了，每年拉鲁家都有好收成。

批斗游街与集体劳动

藏历火马年（1966）"文化大革命"开始，群众分成了"造总"和"大联指"两大派组织。他们冲击各机关单位，把一些人抓去斗争、游街，运动一开始就非常激烈。当时拉鲁是农民，每天都要去劳动。一天中午拉鲁劳动完，在回家的路上碰到了大规模的游行队伍，德木活佛和达赖喇嘛的膳食堪穷两人头戴纸制高帽被拉来游街。拉鲁没敢细看，避开他们立即回家，他觉得这种做法不好，心里很不安。斗争越来越激烈，越来越多的当权派、夺权对象（领导干部）和其他一些人士被拉来游街。有一天拉萨城北居委会也把拉鲁和其他一些爱国人士叫去，给他们戴上纸制高帽拉去游街。头一天拉鲁有点羞怯。游完街后，居委会问拉鲁有什么想法？拉鲁说："以前爱国人士过着幸福生活，而我因为1959年所犯罪行，被改造。但是，现在他们爱国人士也被拉来游街，和我没有什么区别。"居委会人说："你的想法真奇怪。"把拉鲁训斥了一顿。自那以后拉鲁就学得聪明了一些。后来又把拉鲁和拉萨的一些领导干部，还有很多爱国人士都叫到大昭寺讲经场开会，并在会上介绍了每个人的历史（揭发罪行之意）。奇怪的是，当介绍到扎什伦布堪厅的官员一个叫王涵道的蒙古族人时说："这个坏蛋在国民党时期，出卖了三个共产党员。"一说到这里，他马上大声喊："我是这么干的！"于是全场一阵轰动。就在这时一些人遭到毒打。游街时，锣鼓队敲锣打鼓地走在拉鲁他们前面，拉鲁他们排着队跟在后面。被游街的次数多了，拉鲁也习惯了，仿佛觉得这就像在旧社会军队列队行进，一点也不感到害怕了。

拉鲁是被逮捕后获释的人，释放时领到了藏汉对照的释放证。但是在"文化大革命"开始以后，有一天居委会领导说："你戴有叛乱分子的帽子，从现在起你就是'有帽'之人。"于是就把拉鲁归到"有帽"人的行列。"有帽"的人是没有政治权利的。在平时学习的时候就让拉鲁当"有帽"人的学习组长。那时爱国人士江措林活佛也被拉来游街，不仅把他当作"牛鬼蛇神"，还给他戴上了反革命分子的帽子推到他们中间。拉鲁不知道是因为他态度不好，还是什么别的原因，领导很恨他，还经常打他。这时已经分成了两大派，对他们的劳动改造先是由大联合派安排几天，然后由造反派安排几天，这样拉来拉去，一再让他们进行无偿劳动。晚上的学习也是这样，大联合派和造反派轮流来管他们的学习。每天晚上除了斥责和斗争，什么重要的学习内容也没有，挨打也就成了家常便饭。晚上经常都要学习到夜里12点钟以后。到了秋收的时候，两派让他们到拉萨近郊和蔡公堂等地方去支援农民。到这些地方去秋收晚上要过夜，需要自己带着铺盖，当然吃的也要自己带，而且没有任何报酬。

到纳金和蔡公堂等地去劳动，就得早早地起床，才能跟上出工，晚上收工回来马上又要去学习。拉鲁在想，以前在旧社会走路骑马，还觉得屁股痛，现在早上走着去，劳动一整天，晚上回来还得去学习，几乎是白天黑夜连轴转，身体也能吃得消，一个人的承受力多么大啊！晚上睡觉时浑身酸痛，连身也翻不过来，可是到了第二天早上去劳动时，浑身的酸痛又消失了。

在拉鲁当个体农民的时候，炒青稞、磨糌粑都要自己干。有一次拉鲁背着一藏克多粮食的麻袋，到夺底地方的熟人藏卡格桑那里，想在他的水磨上磨糌粑。可是到了磨房不见格桑和他家里人，只有两个青年红卫兵在那里。拉鲁说："我是来磨糌粑的，格桑到哪里去了?"那两个红卫兵相互递了个眼色说："稍等就回来。"说完马上就走了。拉鲁朝房子那边一看，发现房门被查封了。拉鲁知道他一定是被关起来了。要赶快走，如果不走，就会追问和他有什么关系，到时就有挨斗的危险。于是，拉鲁立即扛起粮袋，不等回话就往回跑，到了夺底口回头一看，不见有人追赶，才在那里好好地休息了一会。休息后改变方向去娘热地方，在那里问了两家水磨房，能不能磨点糌粑，但是没有一个人答应。到了第三座磨房时，拉鲁认出达孜的马官占堆也在那里，求他向管水磨人说情，这才答应给拉鲁磨糌粑，三天后才磨完。那时磨点糌粑也有这么多困难。

后来互助组改成了人民公社，城北居委会所属的农民组成了一个公社，下设四个生产队。可是拉鲁在这个时期仍然是单干户。因为拉鲁勤劳，秋粮获得了丰收，公社领导就问："你愿意参加公社吗？"拉鲁说："我是剥削阶级，哪有资格参加公社！"话是这么说，但是实际上他还是愿意单干。单干虽然经常去参加居委会委派的无偿劳动，但是自己的农活无论早干晚干都由自己安排，无须依着别人，比较自由。就这样过了四年，到了第五年开春农活还没有开始，生产队长到拉鲁那儿说："居委会和我们讨论决定，从现在起你就算参加了生产队，土地和种子都要上交，现在已经积累的肥料要上交到生产队，工作由生产队安排。"在生产队劳动每天都要记工分，领导安排什么活儿拉鲁就去干什么活儿，思想上也就没有什么负担了，还可以磨洋工。当然，拉鲁认识到自己是剥削阶级，现在劳动再偷懒是不对的，所以尽自己的力量努力干好农活。

到了第二年春播的时候，有一天生产队长在给拉鲁安排工作时说："今天大家都要到然玛岗，生产一队的22藏克地播种任务由妇女来承担。"播种后，队长他们两人就在那里拉耙子平地。到了然玛岗，妇女们开始播种，拉鲁和队长拉着耙子把播种后的地耙平，然后修上田埂。拉鲁紧张劳动一整天也没有休息，晌午刚过，汗水湿透了全身，觉得浑身像散了架，动一下也感到困难。但是队长还在继续干，拉鲁也不好意思休息，就咬着牙坚持，直到太阳下山，把22藏克地全部播种完才收工。这一天拉鲁太累了，他坚持着慢慢地回到家里，可是马上又要去学习。拉鲁担心第二天起不了床。但是到了起床的时候，拉鲁觉得身上的酸痛好些了。拉鲁吃了早饭就出工，队长问："你身上不痛吗？"拉鲁回答不痛。队长浑身酸痛，干不了力气活。他给拉鲁也安排了较轻的农活。

自那以后拉鲁也成为最棒的劳动力了。队长说："关于工分，最棒的劳动力记10分，但你是剥削阶级，不能记得太高，比孩子工分稍高一点，每天记7分行吗？"拉鲁回答："谢谢。"在那时收成好一点，每个工分值是三角钱，拉鲁一天的工分值是二元一角。靠每天都出工的工分钱，可以勉强维持较贫困的生活。拉鲁家有三口人，后来拉鲁妻子生病，不能干农活儿，小儿子身体也不好（残疾），他们两人在家养病，凑合着干点家务活儿，拉鲁劳动回来能吃上一碗现成饭。拉鲁出工劳动一天也不耽误，一年的工分除去他们三个人的口粮，折合成现金有200多元。就靠这些钱来买穿的，买肉和酥油。

拉鲁的女儿次仁旺姆和桑颇家的桑珠罗布结婚，属于爱国进步人士。特别是次仁旺姆和拉鲁·央宗次仁两人很亲近。因为有赎买政策，他们每月给拉鲁他们生活补贴30元。"文化大革命"开始以后，他们自己也有很多困难，哪能再有钱给拉鲁家？这时候拉鲁的大儿子贡觉坚赞在汽车修理厂当工人，月工资60元，他结婚以前每月都拿出30元补贴家里。拉鲁用这些钱来买菜、买烧柴。到了藏历火羊年（1967），拉鲁的小儿子甲热活佛洛桑丹增从昌都回到拉萨，拉鲁没有让他去当农民，而是叫他学木工。所以甲热·洛桑丹增马上就有了工资。后来拉鲁的三儿子普布觉·强巴丹增也从山南农场回到家里，拉鲁让他也去学木工。他们兄弟俩的工资对改善家庭生活起了不小的作用。

在“文化大革命”时期，曾经让“阶级敌人”去蔡公堂支援农民秋收。当时，拉鲁也和所谓的“牛鬼蛇神”（当时指爱国人士）一起被派去参加秋收。他们每月都有工资，无论参加多少无偿劳动，生活上是有保障的。而拉鲁则是个自食其力的人，要长期和他们在一起进行无偿劳动，生活上就会遇到困难。但是，不管怎样的“乌差鼠差”都得支。他们在蔡公堂劳动的时候，监督他们劳动的是一个赶大车的青年红卫兵。这个青年可能认识嘉措林，对他很不错。他们这些“阶级敌人”都住在一个房子里。有一天晚上已经很晚了，还不见嘉措林回来，他们在谈论着他，不知道他究竟去了哪里，也无处去找。过了一会他回来了。他们回到拉萨以后，居委会领导知道了这件事，进行追查，斗争了嘉措林。最后嘉措林交代说，他去了赶车人家里，他们给了他饭吃，他也给了他们钱。因为这件事，他不仅挨了联合派的打，后来造反派在无量佛殿对他们也都进行了批斗。这时对嘉措林管得更严了。在联合派领导学习的时候，要他们学习登载在一份名叫《风雷激战报》（是大联指办的报纸，造总办的报纸叫《红色造反报》）上的公安6条，给每个组发了一份报纸。

其中说，凡是在旧社会当过头人以上的人都不能参加各派群众组织。总之，只许规规矩矩，不许乱说乱动。那时学习分4个组，即领主和领主代理人小组、领主和领主代理的家人和子女小组、“牛鬼蛇神”小组和“有帽”分子小组。拉鲁是“有帽”分子小组组长，所以也给拉鲁发了一份报纸。拉鲁在小组会上把6条一面读，一面解释，经过几个晚上的学习，小组中的大部分人都记住了6条内容。报纸由拉鲁来保管，他担心继续保存这张报纸，如果造反派到家里来搜查，就会有危险。所以拉鲁就把报纸烧掉了。

那时候经常搜查房子，甚至抄家。每逢节假日都要查问有没有来客人，都要进行安全巡查。巡查的人大都到半夜才来。当时拉鲁家没有什么贵重值钱的东西，所以很放心，晚上只把门轻轻地关上，并不上门闩。所以，搜查的人有时到了床边也觉察不到。后来造反派把他们召集起来训斥说：“你们这些阶级敌人还胆敢学习联合派的《风雷激战报》！”于是把他们狠狠地斗争了一顿。一天晚上，造反派的治安主任把他们这些“阶级敌人”集中起来开会，在会上就学《风雷激战报》这件事不仅狠狠地斥责他们，还特别审问了嘉措林。嘉措林回答说，只学习了公安6条，并没有学别的东西。其他人也都异口同声地这么回答，但还是给他们强加罪名，说他们和联合派在一起学习，这就不对。不仅如此，还毒打嘉措林，使他晕倒在地上。虽然那天晚上这位治安主任无情地毒打嘉措林，但是因为他们都是“阶级敌人”，谁也不敢去劝。自那以后，嘉措林就病倒在床上，不能来开会了。第二天的斗争就轮到了拉鲁。拉鲁仍然坚持说："我们只学了公安6条，没有学别的东西。"这位主任问："报纸在哪里？"拉鲁回答报纸已经撕掉了。他又问："你看报纸了吗？"拉鲁回答："看了，学习了上面登载的公安6条。附带地还看到了打倒郭锡兰（时任自治区党委组织部部长，后任区党委副书记、政府副主席）的内容。"这位主任说："你是学习《风雷激战报》的！"于是便把罪名加到了拉鲁头上。幸好昨晚他毒打了嘉措林，这天晚上造反派的一个定本和两个青年红卫兵也来参会，他们三人把这位主任紧紧地抓住不放，虽然他像护法神附体一样气势汹汹，却无法再来打拉鲁。

拉鲁和农民相处的那段时间，农民群众只是让拉鲁去干重活累活，却从来没有打过拉鲁，而他自己也努力去把活儿干好。以前在斗争时挨过毒打的，一个个都病倒了。假使拉鲁也遭到毒打，也一定会病倒，这样的后果难以想象。那天晚上那位定本和红卫兵不让打拉鲁，也许是好心的农民们嘱咐了他们。从第二天起，每天晚上轮流对"有帽"分子和"牛鬼蛇神"追查学习《风雷激战报》的事，让他们站在会场中间进行斗争，并要他们交代。那位主任打人的方法也稍稍缓和一些，不再使用棍棒了。但是被追问的都还没有说上两句话，他就气势汹汹地从凳子上站起来，大声喊："要老实交代！"说着就在被追问者的后背猛击数拳。这位主任不识字，要拉鲁把被斗争人说的话记下来。当他气势汹汹地站起来要打人的时候，拉鲁也站起来向一边挪一挪，装作要逃跑的样子。这样次数多了，就使人不由得想起这种情景就好像剧本《苏吉尼玛》中大自在天丹贝旺久和他的侍者之间的那种关系。他们这些“阶级敌人”对挨打也就习以为常了，不仅有时耍赖、冷笑，而且还在背地里给他起了个绰号，称他却迥（护法神）。当每个人写完了交代材料，并按了指印之后，他就把材料拿走了。

每天晚上进行批斗，经过了一个较长的时间，又把城北一部分“阶级敌人”拉去游街。在“有帽”分子中嘉措林和拉鲁也被拉去游街。抓拉鲁衣领摁脖子的是一个较好的红卫兵，他只是抓抓而已，并不打人，也放得很松。有一次游街后，把他们带到了集中有许多当权派的文化宫，其中拉鲁认识的有一位自治区机关的部长。把这位部长拉过来让他站到了拉鲁的前面。过了一会，这位部长想去小便，旁边的两个青年红卫兵说：“你还想小便！”说着就狠狠地扇了他一记耳光。拉鲁惊呆了！哎呀，这些人当初进藏的时候是吃了很多苦的功臣，现在却要这么挨打！有什么办法呢？在那里让拉鲁他们都低下头，并宣读了每个人的历史。批斗持续很长时间以后，又拉出去游街，然后才让他们回去。

游街时给他们每人都戴一顶纸制高帽。因为要经常游街，所以就把高帽交给自己保管。联合派把爱国人士等一部分人留置在拉萨帕邦卡房子里进行审讯。同样，造反派也把一部分人留置在丹吉林寺的房子里。在这里除拉鲁之外还有邦达·多布杰、德格·格桑旺堆、平康·次仁顿珠、热振活佛丹增晋美、邦达·白玛，另外还有许多商人。拉鲁刚到那里，看到他们都排成队站立着。邦达·多布杰从队列中走出来去小便，从拉鲁身旁走过的时候，他用手指摁了两下嘴唇，示意让拉鲁闭上嘴巴。拉鲁觉得他们之间并没有什么秘密，他为什么要发出这样的暗示？于是拉鲁板着面孔，装出不认识他的样子。其实，邦达·多布杰就是当年夜袭芒康驻军后叛逃的民兵茹本。

拉鲁在丹吉林寺被留置两个多月，有些人在那里被留置的时间更长。在这期间造反派曾让拉鲁和本章去挑做饭用水，所以白天还有机会到外面去一下。有一次拉鲁出去挑水，从联合派的广播中听到城北社员丹真吐杰被造反派抓去毒打后关在邮电局里的消息。在丹吉林寺他们都在护法神殿一排一排地睡觉。睡在护法神殿心里很发怵，都感到有点不安，但也没有别的办法，大家都只好睡在这里。过了一段时间又搬到了邮电局。

一天有位领导要拉鲁快点交代罪行。拉鲁说罪行已经全部交代了，再没有什么可交代的。这位领导说："他们'牛鬼蛇神'有工资，没有什么可担心的，而你是农民，每天只有二元一角的工分钱，如果在这里待的时间长了生活就会陷入困境，所以你要好好地交代，争取早点回去。"第三天有几个看管他们的红卫兵在互相交谈时，拉鲁听到他们说，最近周恩来总理要两派把手中的武器全部交出来，否则要以反革命分子论处。拉鲁期盼着两派武斗尽快缓和下来。过了几天让拉鲁回家了，仍然当他的农民。

拉鲁他们生产队的肥料主要靠城北第一居委会和第三居委会所属的 80 多个厕所。从厕所淘粪的活儿，刚开始的时候由"牛鬼蛇神"负责，不需要拉鲁去。后来所谓"牛鬼蛇神"的爱国人士都调回单位学习去了，所以厕所淘粪的活儿就落到了拉鲁和其他农民头上。定额是大厕所由两个人每天淘一个，小厕所由两个人每天淘两个，淘完粪就算是完成了这一天的任务。上午使劲淘要累一点，但下午就可以好好地休息了。起初农民群众也来参加淘粪。可是这活儿很累很脏，以后就专门让“阶级敌人”去掏了。“阶级敌人”主要是拉鲁、喇嘛和密宗僧院的执事等人。起初这活儿不仅很累很臭，而且很恶心。以后习惯了也就好受一点。去淘粪的好处是可以多休息。另外进厕所时备有口罩、雨鞋和衣服，收工回来换上衣服，还可以洗个澡。一块儿出工的伙伴大都是些密宗僧人，他们不仅身强力壮，而且彼此都合得来，互相之间也不说三道四，麻烦少。所以拉鲁对淘粪的活儿也并不感到不好意思了。有一次在第三居委会的一个厕所里淘粪，粪便粘在站台上，站台的一面已经坏了。名叫道恰的密宗僧人钻进厕所下面去淘粪，拉鲁在外面堆粪。除了粘在站台边沿粪便以外，大部分已经淘完。道恰开玩笑说：“把粘在站台上的粪便挖下来，有塌墙的危险。如果墙倒了把我砸死，请告诉我，死得比泰山还重呢，还是比鸿毛还轻？如果比泰山还重，我一定把粪弄干净。”拉鲁说：“厕所墙倒了把你砸死，你的死只能比鸿毛还轻，不可能比泰山还重，你还是快出来吧！”虽然干着苦活儿，但是他们的心情还是愉快的，这就是所谓苦中有乐吧！

到了秋季收割青稞以后，要拉“乌喜尕”（耙麦秸和青稞穗的类似耙子的木制农具）。这活儿由拉鲁和密宗僧人土登来承担。拉“乌喜尕”时要把绳子套在肩膀上拉，他们两人每年各穿一件新的油布上衣，当庄稼收割结束的时候，上衣的肩膀都磨破了。无论活儿多么重，都是体力劳动，而不是脑力劳动，所以在思想上还是愉快的。无论什么人，也无论从事什么工作，事先总有个念头，有个念想。拉鲁受佛教影响很深，那时每天出工，逐渐觉得现在干这样重的活儿，是自己前生造孽的报应，应该努力把活儿干好，来消除前生的孽障。抱着这样的信念去干活儿，无论多苦多累，也无论有人无人都尽力去干，反而觉得不太苦，也不太累了。这样过了几年，农民群众对拉鲁的看法也有了改变。平时下地劳动，在田间吃午饭，拉鲁和大家围坐成一个圆圈，由煮茶的烧茶厨师为大家斟茶，每个人带的菜也请别人品尝。拉鲁觉得经常吃别人的菜不好，也带菜请大伙儿吃。这样过了一段，有人就提意见说，戴帽分子在拉拢群众。自那以后每次吃中午饭，拉鲁就不带菜，也不和大伙儿坐在一起，而是单独坐在一旁吃饭。在糌粑里添加一些干奶渣粉末和酥油自己吃，这样大家就没有什么意见了。但是不和大伙儿坐在一起，烧茶厨师斟茶就很不方便。因此每天中午一收工，拉鲁就马上去帮助烧茶厨师，先为大伙儿斟茶，然后自己再斟茶喝，这样烧茶厨师就很满意。拉鲁从各方面都很注意，免得大家有什么意见。

拉鲁考虑到自己是被改造的对象，应该多承担些工作，便对生产队领导说："为了配合居委会对我的改造，在秋收季节我曾去支援农民收割，还曾多次去参加两派组织的无偿劳动。但是在我赖以生活的生产队，却从来没有干过不记工分的活儿。因此，从现在起每年秋收时，请把 7 藏克地的收割、捡穗任务承包给我，一个工分也不要，由我全家人完成。”领导听了很高兴地说可以。自那以后，每年拉鲁就带领孩子们额外承担起了7藏克地的收割、捡穗和堆垛任务，全部完成后移交给生产队。拉鲁这样主动地接受劳动改造，并从各方面去努力，群众普遍反映拉鲁改造得很好，改变了对拉鲁的看法。不久，宣布摘掉拉鲁“叛乱分子”的帽子，将拉鲁安排在西藏自治区政协工作。

至亲们的命运

如前所述，龙夏改良运动失败，龙夏·多吉次杰惨遭严惩后，不仅给整个家族带来了浩劫，而且龙夏所做的一切一时都成了邪恶之举。当时，各大中贵族世家纷纷活动，向噶厦和摄政热振呈送报告，血泪控诉龙夏和包细列空（核查收成提税管理机构）如何如何凶暴狠毒，强加在他们头上的负担如何如何沉重、不合理，强烈要求减免赋税，再加上拉关系、送大礼，结果摄政答应了他们的要求，大多数都获得了多达一半赋税的减免，甚至有的还得到额外的低息放粮放款救济。过了几年摄政卸任时，贵族们更加富有了，而噶厦的粮库却逐渐变空，整个财政维持不下去了。后来的摄政不得不召开官员扩大会议讨论，决定取消减免，按照十三世达赖喇嘛时期的规定额度缴纳粮赋，这在实际上肯定了龙夏及其包细列空的工作。由此整个官场也不得不承认，当年龙夏还是做了有益的事。对龙夏本人的敌意和对其后裔的压制，也因此而大大降低。在这样的社会环境里，也为龙夏后裔的翻身和出头带来了希望。也是在这样的时机，这样的背景下，拉鲁·次旺多吉和央宗次仁充分发挥自己的智慧、才能和娴熟的官场活动技能，终于使龙夏·多吉次杰获释善终，其子乌金多吉和强秋多吉走上仕途。

当然，两个同胞兄弟进入官场，也同拉鲁·次旺多吉本人一样经过了艰难曲折的坎坷道路。随着哥哥在官场地位的不断巩固，哥哥对弟弟们的帮助也越来越强有力。但是鉴于禁止龙夏子嗣为官的规定，乌金多吉和强秋多吉也同哥哥拉鲁·次旺多吉一样，是以入赘家族名分申请官职的。即使作为“玛巴”求官也谈何容易！不走后门、不送礼是绝难应对当权者的阴阳脸的。在极其艰难的岁月里，拉鲁·次旺多吉一再要求他的两个弟弟努力学习，不要灰心，不要荒废自己。保证一有机会，哥嫂不管花多大力气，总会想尽办法让他们成为公职人员的。拉鲁·次旺多吉成为噶伦和朵麦文武总管后舞台大了，声望高了，也就有了一定的能力帮助弟弟。

乌金多吉这个调皮的弟弟，也是拉鲁·次旺多吉的私塾同学。入赘巴尔库·帕日杏索的乌金多吉因见求职无望，就连申请赏赐官职的报告都没有呈送过。但是由于拉鲁·次旺多吉的运作，一天，突然拉鲁府的一位用人急促地赶到乌金多吉那里报告说，噶厦派信差传话，叫他去参加官员扩大会。一去才知道噶厦已经破例任命乌金多吉为初级俗官，并让他担任看守卸任摄政热振的狱卒。后来他还担任过拉萨米本（市政官，市长）。

拉鲁·次旺多吉极其巧妙地把自己的幼弟门吉·强秋多吉列入朵麦总管随员名单之中，为总管府两位秘书之一，得到噶厦及摄政的认可。至此龙夏家三位“多吉”都步入了官场，但是直到西藏和平解放，在噶厦官员名册中，仍旧没有出现冠之以龙夏字样的三个“多吉”。诚然，后来其中有的恢复了龙夏家族称号，重新叫作龙夏·乌金多吉等。

笃信佛教和因果报应的央宗次仁，在相当长的时间里成为拉鲁府的实际主心骨，在半个多世纪里拉鲁和龙夏家族的命运与这位举世罕见的夫人紧紧相连。当她看到越来越多的人肯定龙夏政绩时，感到由衷的欣慰。在她的一生中，龙夏·多吉次杰是她最为敬重的一位挚友，他们之间有很深的感情和默契。她看着拉鲁·次旺多吉成长，挑起尧豁·拉鲁世家大梁，而龙夏临终时最放心不下的两个小儿子，也在她和拉鲁·次旺多吉的照应下，冲出阴霾，走入官场，一切她都如愿以偿，无忧亦无憾了！

拉鲁·次旺多吉带着小夫人索南德吉到昌都赴任，时年67岁的老夫人央宗次仁，经不起长途跋涉和颠簸。拉鲁小两口便把自己的长女次仁旺姆留给老夫人央宗次仁做伴。1950年，拉鲁·次旺多吉的朵麦总管任职届满返回拉萨后，70岁的央宗次仁主动提出，同他们夫妇分开居住。这就意味着由索南德吉主持拉鲁府家政。后来，尽管央宗次仁不大参加拉鲁府以外的社交活动，整天摇着玛尼筒转经朝佛，但是在拉鲁府仍旧倍受上下人等的特别尊敬。拉鲁庄园房屋一半都分给她住，她也有自己的一份财产。次仁旺姆算是她的子嗣，继续与她一起生活，还有一个仆人和一个厨师伺候。她于1959年去世，享年80岁。拉鲁·次旺多吉参与叛乱，央宗次仁丝毫不沾边，属于“赎买”和统战对象，她去世后政府落实政策，让次仁旺姆继承了她的财产。这些财产在一定程度上帮助她的亲生父母拉鲁夫妇度过了一段最艰难的日子。次仁旺姆自己也得以顺利地与另一个达赖喇嘛家族桑颇家的桑珠罗布成婚。后来她曾担任拉萨市政协委员。

1959年因为拉鲁·次旺多吉本人参与叛乱被捕，使老夫人央宗次仁郁郁寡欢而于当年寿终，小夫人索南德吉在当年的蒙难中生下身患残疾的幼子斯达次仁，这个孩子虽然勉强活到了拉鲁·次旺多吉获释并被安排工作的时候，却只能白发人送黑发人，年仅24岁就永远地离开了这个刚团圆不久的幸福之家。

第十五章

激发新活力

1976年年底，打倒“四人帮”以后，经过拨乱反正，全国的形势开始好转，拉鲁·次旺多吉终于盼来了迟到的春天，重新参与到建设新西藏的事业之中。1977年7月，政府征求群众意见后，召开群众大会，在会上宣布，拉鲁在思想改造和劳动改造中表现很好，因此要摘掉他参叛的帽子。把这顶帽子摘下来，对拉鲁来说是卸下了最大的思想和精神包袱。根据党和政府关于爱国不分先后的政策，过了几个星期就把63岁的拉鲁安排在西藏自治区政协工作，这年年底，拉鲁·次旺多吉当选为西藏自治区第七届政协委员。

土羊年（1979）拉鲁又当选为西藏自治区政协常务委员，铁猴年（1980）当选为全国政协委员，并连任第五至九届全国政协委员。特别是在水猪年（1983），拉鲁当选为西藏自治区第四届政协副主席，连任第五至七届政协副主席，享有副省级干部待遇。拉鲁深切感到这是政府对他的莫大关怀，非常高兴，非常感激。拉鲁在政协努力做好自己的工作，调查研究自治区各方面的工作情况，把了解

拉鲁·次旺多吉工作中

到的实际情况向党委和政府报告，并真诚地向党委、政府的工作提出建设性意见，对此党委和政府给予了高度评价。拉鲁认为，十一届三中全会以来党的各项政策有了很大的改进，西藏经济社会有了很大的发展，大大地改善了群众的生活，自己也有了光明的前途。现在拉鲁的孩子们也都过上了幸福的生活，这是有目共睹的。拉鲁非常感谢党和政府对他们一家人的关怀。

拉鲁表示，他今后将在维护祖国统一和民族团结、建设社会主义新西藏的伟大事业中，遵照党的路线、方针和政策，关心国家大事，积极提出意见和建议，努力发挥自己应有的作用。拉鲁积极参

政协文史资料委员会成员相聚，左二为拉鲁·次旺多吉

加全国和自治区政协的各种例行会议，认真参政议政、建言献策。同时还不顾年老体弱，十分注重深入基层、深入实际进行视察和调研，先后到昌都、那曲及日喀则等地方了解群众的生产生活和经济社会发展情况，使自己的会议发言、形成的报告和提交的提案言之有物、有的放矢。例如，拉鲁或者以拉鲁领衔提交的《关于建立健全社会保障体系》《关于保护森林与野生动物》《关于落实三边民族地区教育有关问题》《关于重视提高农牧区群众子女文化水平》《关于拉鲁湿地保护》等提案或报告，得到党和政府包括中央和自治区有关机关的高度重视，并给予及时回复和较好采纳、落实。

拉鲁·次旺多吉基于以史为鉴、存史育人的考虑，高度重视自

拉鲁·次旺多吉与同事研究西藏文史资料

治区政协文史资料的收集整理工作。拉鲁一直分管政协文史资料工作，从 1989 年至 1992 年还兼任文史资料委员会主任委员，这期间也是西藏自治区政协文史资料工作成绩最突出、发展最好的时期。西藏自治区政协的文史资料收集整理和出版发行工作取得了举世瞩目的成就，得到了党政机关和社会各界的充分肯定和好评。

2000 年，年已 87 岁的耄耋老人拉鲁·次旺多吉，在第九届全国政协第三次会议上感慨地说："现在是我一生中最好的时光。""旧社会我们拉鲁家族可以说是全西藏最大的贵族之一，拥有大批庄园和众多属民，收入十分可观。但是生活并不幸福，心情更不愉快。

拉鲁·次旺多吉一家在罗布林卡过林卡

拉鲁·次旺多吉夫妇与子女们

左起长子贡觉坚赞、父亲拉鲁·次旺多吉、幼子斯达次仁、四子甲热·洛桑丹增、母亲吞巴·索南德吉、女儿次仁旺姆、三子普布觉·强巴丹增

因为贵族之间争权夺利斗争很激烈，总想着怎样去盘剥属民。现在国家政策这么好，人民群众生活都好了，我觉得现在才是我生活最幸福、工作最愉快的日子。这是我经历这么多事和经过这么多年后得出的结论。”

尾声

一位世纪老人的离世

拉鲁·次旺多吉于2003年退休后，依然十分关心西藏社会的发展和进步，力所能及地积极参与各种社会活动，同时在幸福的家庭中颐养天年，安度余生。特别是基于自己丰富、独特的经历及社会阅历，注重思索、求真务实，认真撰写回忆录，以图为后世存史、

时任西藏自治区党委书记陈全国慰问拉鲁·次旺多吉亲属

资政和育人。拉鲁为后人留下了丰富史料和精神财富。

中国共产党的亲密朋友，同共产党长期合作共事的爱国主义者，西藏自治区政协原副主席拉鲁·次旺多吉因病医治无效，于2011年9月15日在拉萨逝世，享年98岁。

中共中央总书记、国家主席、中央军委主席胡锦涛对拉鲁·次旺多吉同志的逝世表示哀悼并对其亲属表示慰问，中央政治局常委、全国政协主席贾庆林同志发来唁电，中央政治局常委、国家副主席、中央军委副主席习近平，中央政治局委员、中央组织部部长李源潮，原中央政治局常委、国务院总理朱镕基，全国政协副主席、中央统战部部长杜青林等党和国家领导人以不同方式表示哀悼和慰问。

中央组织部、中央统战部、国家民委为拉鲁·次旺多吉同志的逝世送来花圈，并对拉鲁·次旺多吉同志家属表示慰问。

9月18日上午，拉鲁·次旺多吉同志遗体告别仪式在拉萨西藏自治区政协礼堂举行，礼堂内庄严肃穆、哀乐低回。正厅上方悬挂着黑底白字“沉痛哀悼拉鲁·次旺多吉同志”的横幅，横幅下方为拉鲁·次旺多吉同志遗像。

上午10时许，自治区党委书记陈全国，全国政协副主席、自治区政协主席帕巴拉·格列朗杰，十届全国人大常委会副委员长热地，自治区党委副书记、人大常委会主任向巴平措，自治区党委副书记、政府主席白玛赤林等自治区党政领导同志缓步来到拉鲁·次旺多吉同志遗像前肃立默哀，向拉鲁·次旺多吉遗像敬献哈达、三鞠躬，作最后送别，并与拉鲁·次旺多吉同志的亲属一一握手，表示慰问。

自治区老领导、老同志、统战爱国人士、各行各业负责同志以送花圈或以不同方式表示哀悼。自治区有关部门、西藏军区、武警西藏总队及拉萨市有关负责同志，拉鲁·次旺多吉同志曾工作过的单位的负责同志，拉鲁·次旺多吉同志亲属及生前友好等参加了遗体告别仪式。

人们将永远铭记拉鲁先生的爱国风范和顺应潮流、矢志不渝的可贵精神，永远会铭记拉鲁先生刻苦执着而又从善如流、真诚朴实、谦虚谨慎的高尚品格。

一个时代、一个豪门望族，同这位世纪老人一道就这样走了。但是，留给后人的却是无尽的回忆和思考。

附录

拉鲁·次旺多吉生平（1914—2011）

中国共产党的亲密朋友，同党长期合作共事的爱国主义者，第五、六、七、八、九届全国政协委员，西藏自治区政协原副主席拉鲁·次旺多吉同志，因病医治无效，于2011年9月15日9时38分在拉萨逝世，享年98岁。

拉鲁·次旺多吉同志1914年1月生于拉萨，出身于贵族家庭，曾在旧西藏地方政府供职，担任过米扎色朗巴、达孜宗宗本、孜本、噶伦、昌都总管等职务。西藏民主改革后，拉鲁·次旺多吉同志经过认真学习，成为新时期人民的一员，积极投身于我区社会主义建设，历任自治区政协委员、自治区政协常委、自治区政协副主席等职务。2003年经组织批准退休。拉鲁·次旺多吉同志曾任第四、五、六、七届自治区政协副主席，第五、六、七、八、九届全国政协委员。

拉鲁·次旺多吉同志出身于旧西藏贵族，担任过旧西藏地方政府官员，在昌都担任总管期间，与进藏人民解放军有过接触；西藏和平解放初期，受到党的感召，为《十七条协议》的签订执行做过一些有益的工作。西藏改革开放以来，拉鲁·次旺多吉同志顺应社会发展潮流，经过学习提高，实现人生的重大转折，转变为坚定的爱国主义者，成为中国共产党的亲密忠实的朋友，同党真诚合作，为西藏的发展稳定作出了重要贡献。

经历西藏和平解放、民主改革的实践斗争教育，目睹西藏的发展变化，拉鲁·次旺多吉同志深刻认识到旧西藏生产力发展停滞，文化教育落后，农奴毫无人身自由，是最残酷、最黑暗的封建农奴制。他深刻认识到只有在中国共产党的领导下，走社会主义道路，西藏才能繁荣发展，才能有光明的前途。自治区成立以后，他先后担任自治区政协委员、常委，自治区政协副主席等职务。在工作中，特别是党的十一届三中全会以来，他坚决拥护党的路线方针政策和中央关于西藏工作的决策部署，自觉接受党的政治主张，认真学习邓小平理论、“三个代表”重要思想和科学发展观，经常深入基层调查研究，了解社情民意，向广大人民群众宣传党的方针政策，充分发挥爱国统战人士的作用。他积极参政议政，向自治区党委、政府建言献策，为西藏稳定发展作出了积极的贡献。

作为旧西藏的上层人士和西藏和平解放以来各个重要历史时期发展变化的见证人，拉鲁·次旺多吉同志担任自治区政协委员和领导职务以后，在拉萨发生骚乱事件、十世班禅灵童寻访认定及“3·14”打砸抢烧严重暴力犯罪等一系列重大事件中，态度鲜明，立场坚定，用自己的亲身经历批驳达赖集团、国际反华势力和境内外分裂主义分子的罪恶行径，揭批达赖集团宣传“西藏独立”的反动政治主张，用历史事实证明西藏是祖国不可分割的一部分，教育引导广大人民群众热爱祖国、热爱人民、热爱共产党、走社会主义道路，自觉维护祖国统一和民族团结。他顺应潮流，品格高尚，作风朴实，谦虚谨慎，在境内外有较大影响，在爱国人士和干部群众中有较高声望。

拉鲁·次旺多吉同志的逝世，使我们失去了一位亲密合作的朋友，是我党爱国统一战线的一个重大损失。他的爱国风范，党和人民将永远铭记。

拉鲁·次旺多吉同志永远活在我们心中！

来源：《西藏日报》2014年5月30日

图书在版编目（CIP）数据

拉鲁·次旺多吉传 / 巴桑罗布，拉琼编著 . -- 北京：中国藏学出版社，2024. 9.（2025. 2 重印）-- ISBN 978-7-5211-0554-4

Ⅰ . K827=7

中国国家版本馆 CIP 数据核字第 20240LN532 号

拉鲁·次旺多吉传

巴桑罗布　拉琼　编著

责任编辑　永红　柴建华
封面设计　李建雄
出版发行　中国藏学出版社
社　　址　北京市朝阳区北四环东路 131 号
印　　刷　北京隆昌伟业印刷有限公司
开　　本　787 毫米 ×1092 毫米　1/16
印　　张　17.25
字　　数　184 千字
版　　次　2024 年 10 月第 1 版
印　　次　2025 年 2 月第 2 次印刷
书　　号　ISBN 978-7-5211-0554-4
定　　价　68.00 元

图书如有印装质量问题　请与本社发行部联系
E-mail: dfhw64892902@126.com　电话: 010-64892902